テルマエ・ロマエ

ヤマザキマリ

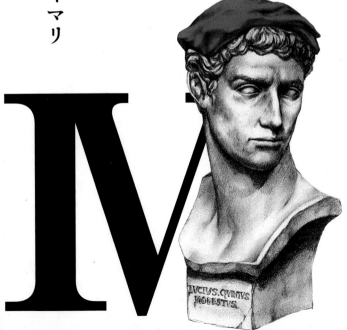

IV

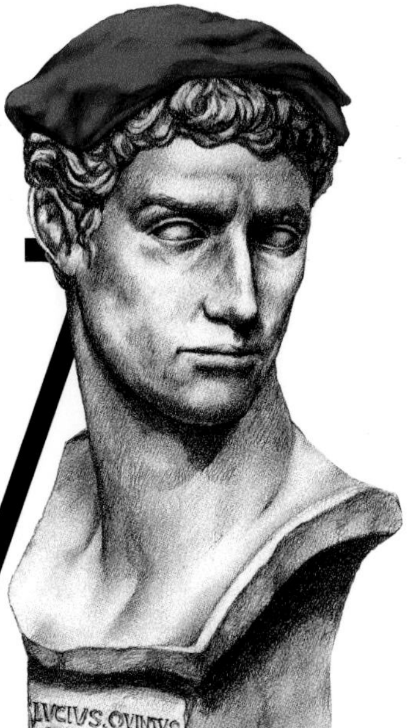

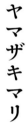

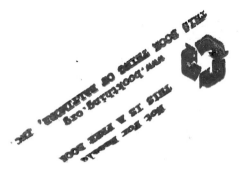

目次

第18話

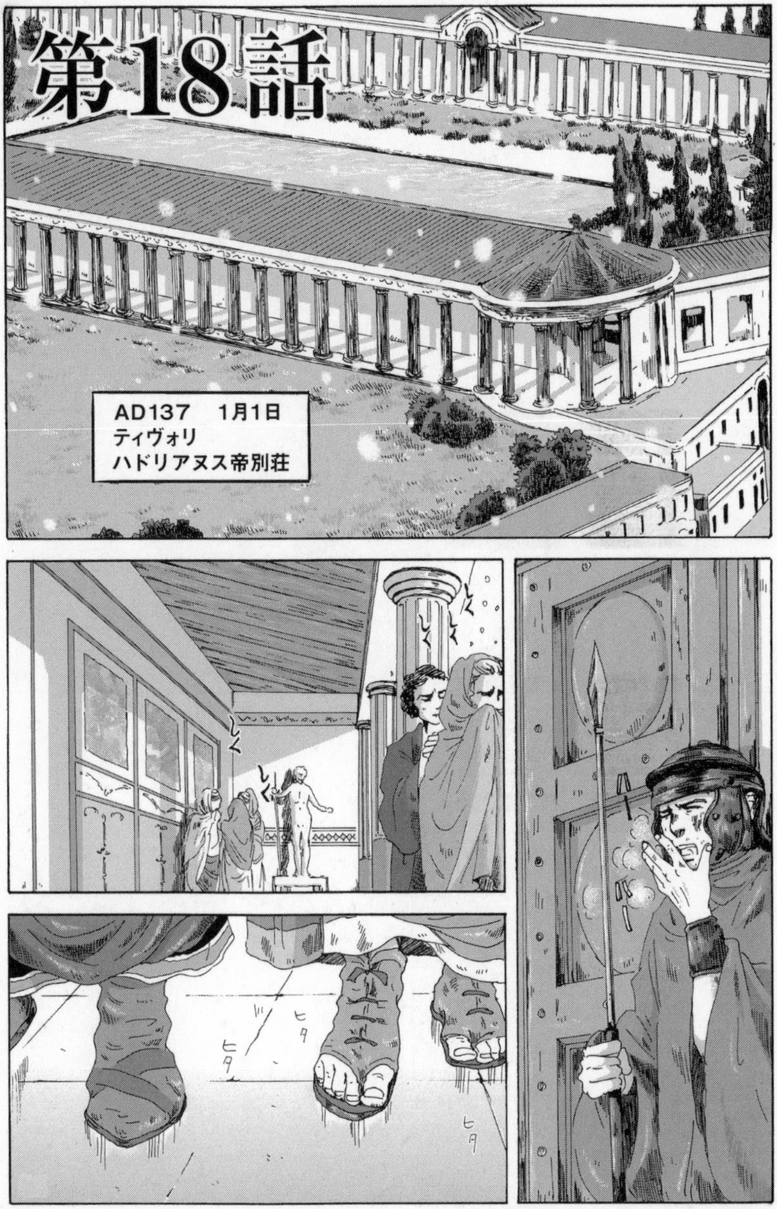
AD137　1月1日
ティヴォリ
ハドリアヌス帝別荘
しく
しく
しく
しく
ヒタ
ヒタ
ヒタ

……
しく
しく
アエリウス様…
ララ…
アントニヌス様……アエリウス様のご容態はいつから悪化を…?
……
パンノニアに赴《おもむ》いておられた頃からです

あの場所はアエリウス様の肉体には過酷過ぎました…
……
この様な事態は皆が予想していたのです
元老院も軍人も皆…
ううう…
ハドリアヌス様以外は…
……
……
ううう…
奥様しっかりなさって下さい!!
ママッ

しっかりなんて…あの人を失ったら私はこれからどうすれば…
……奥様…
……ママ泣かないでっ
ママ泣いちゃやだ
……ルキウス
……
ママ～
アントニヌス様ルシウス様アエリウス様がお待ちです
こちらへ…
ギィ…

パチ
パチ
ゲホッ
ゲホッ
ゴホゴホ
……

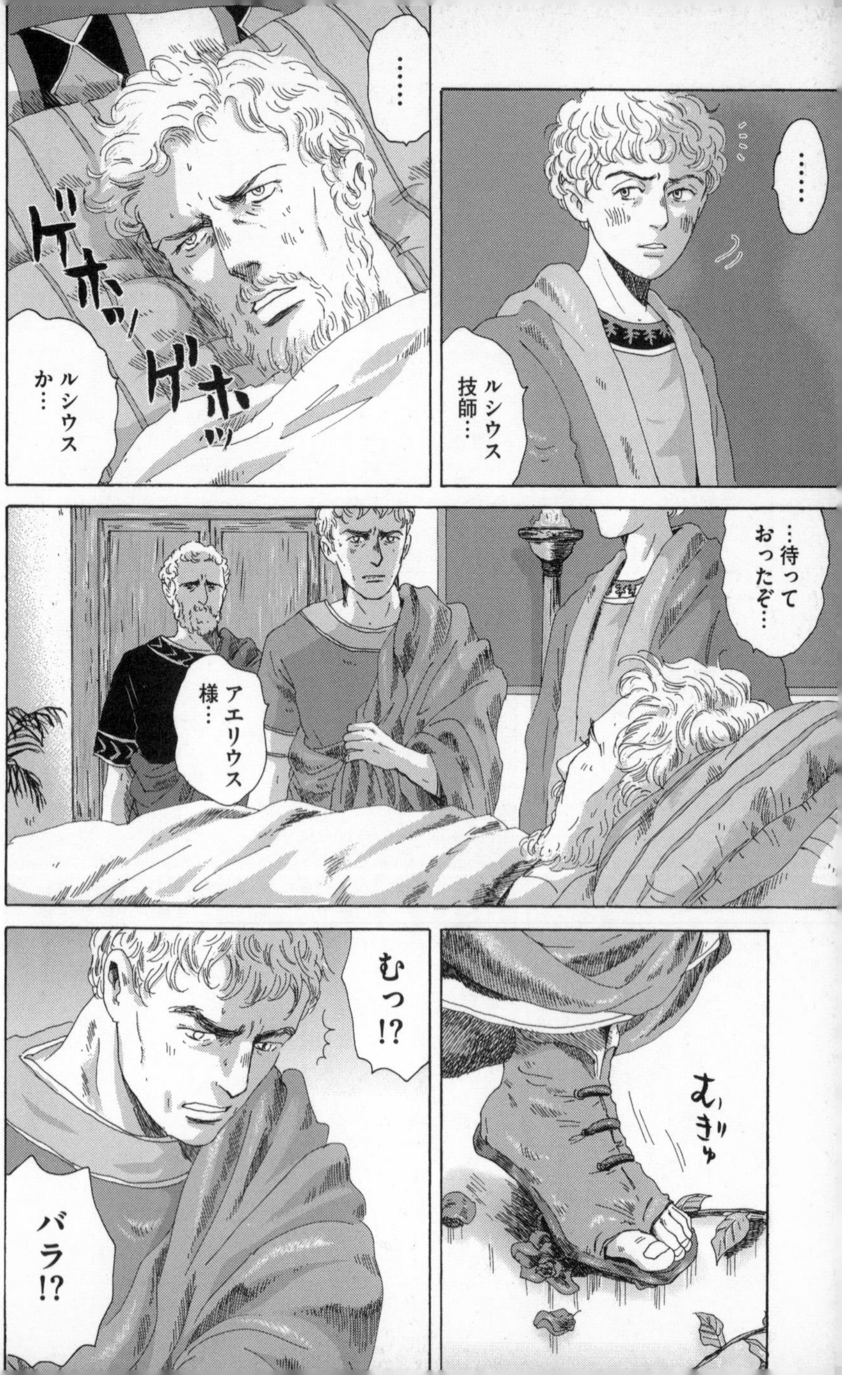
……
ルシウス技師…
……
ゲホッ
ゲホッ
ルシウスか…
…待っておったぞ…
アエリウス様…
むぎゅ
むっ!?
バラ!?

……ああ
…妻が持ってきてくれたのだ…
私の大好きな花だからな
ゲホッ ゴホッ
すまぬ…アントニヌス マルクス 私とルシウスを2人だけにしてくれぬか……
はい
わかりました…
……
参りましょう…
バタン
……
……ルシウス
ゴホッ
パンノニアではそなたの作った風呂が役に立ったぞ…

私が本来ならばパンノニアまで赴《おもむ》きもっと立派な浴場をお作りするべきでした
そうしていたらこんな事には…
…何を言っておるのだ…
そなたはハドリアヌス様のおかかえだ…忙しいのは十分に承知しておる
…そなたは何か上手くいかぬ事があるとすぐに自分に責任があると思い込む…
は!?
ゲホ ゲホッ
ハハハ…どこまでもクソ真面目な男よ…
……ルシウス
私はもう長くない…
……
何をおっしゃるのですかっ!! アエリウス様っ
…まあさほど長い一生ではなかったが……
それなりに楽しく幸福な人生であったと思う…

ここで死すとも
この世に生まれし
運命に悔いはない
……
ただ…
一つの
心残りは
……
今日こそは
皇帝に選ばれた
感謝を民衆に
表明する日で
あったのだが…
ゲホッ
ゲホ
この様な体
では それすら
出来ぬ…
…私は父上の
期待に応えられ
なかった…
……
無念だ…
歴代の皇帝たち
…そして父上…
多くの人々が築き
上げた この帝国…

父上の跡を継ぎ民草を更に平穏な暮らしに導くことこそが 我が使命だったのだが…
……
ゲホッ
…身も心もローマに捧げておるそなたには
常に敬意を抱いておったのだぞ…
くっ…
……ルシウス
ゲホッ
……頼む…
ハイッ

…これからも父上やマルクスを支えてくれ…
…私の分もな…
ぐっ…
…もっ
もったいのうございます…
…何ということだ……
…私はとんでもない誤解をしていた!!
このアエリウス様を軟弱者などと決め付けていたなんて…
何たる愚かなことを!!
はっ!!
ゲホッ
…ついてはそなたに頼みがあるのだが…
ゴホッ
ルシウス……
ハイ!!命に替えましても!!

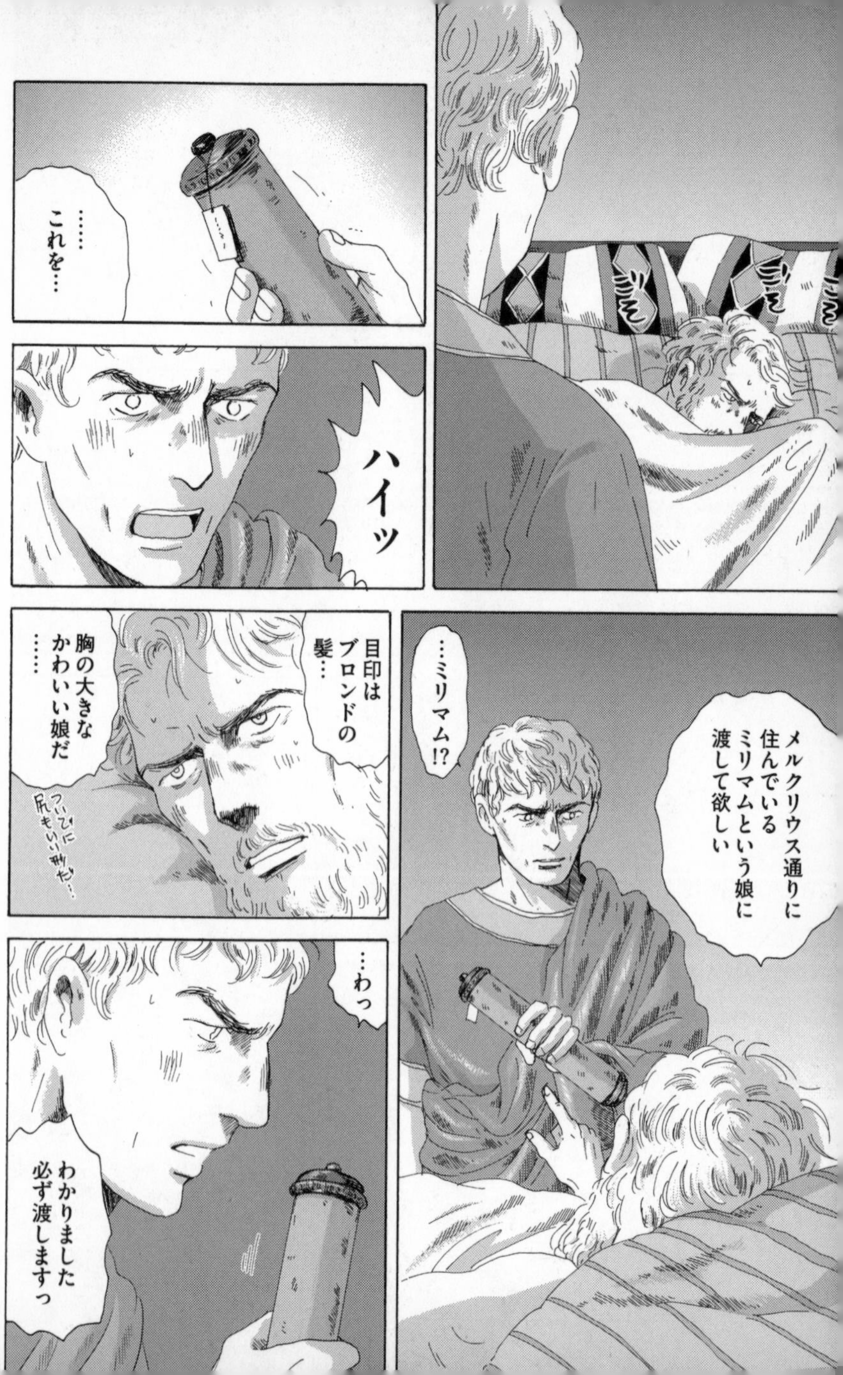
ごそ
ごそ
……これを…
ハイッ
メルクリウス通りに住んでいるミリマムという娘に渡して欲しい
…ミリマム!?
目印はブロンドの髪…
胸の大きなかわいい娘だ……
ついでに尻もいい形だ…
…わっ
わかりました必ず渡しますっ

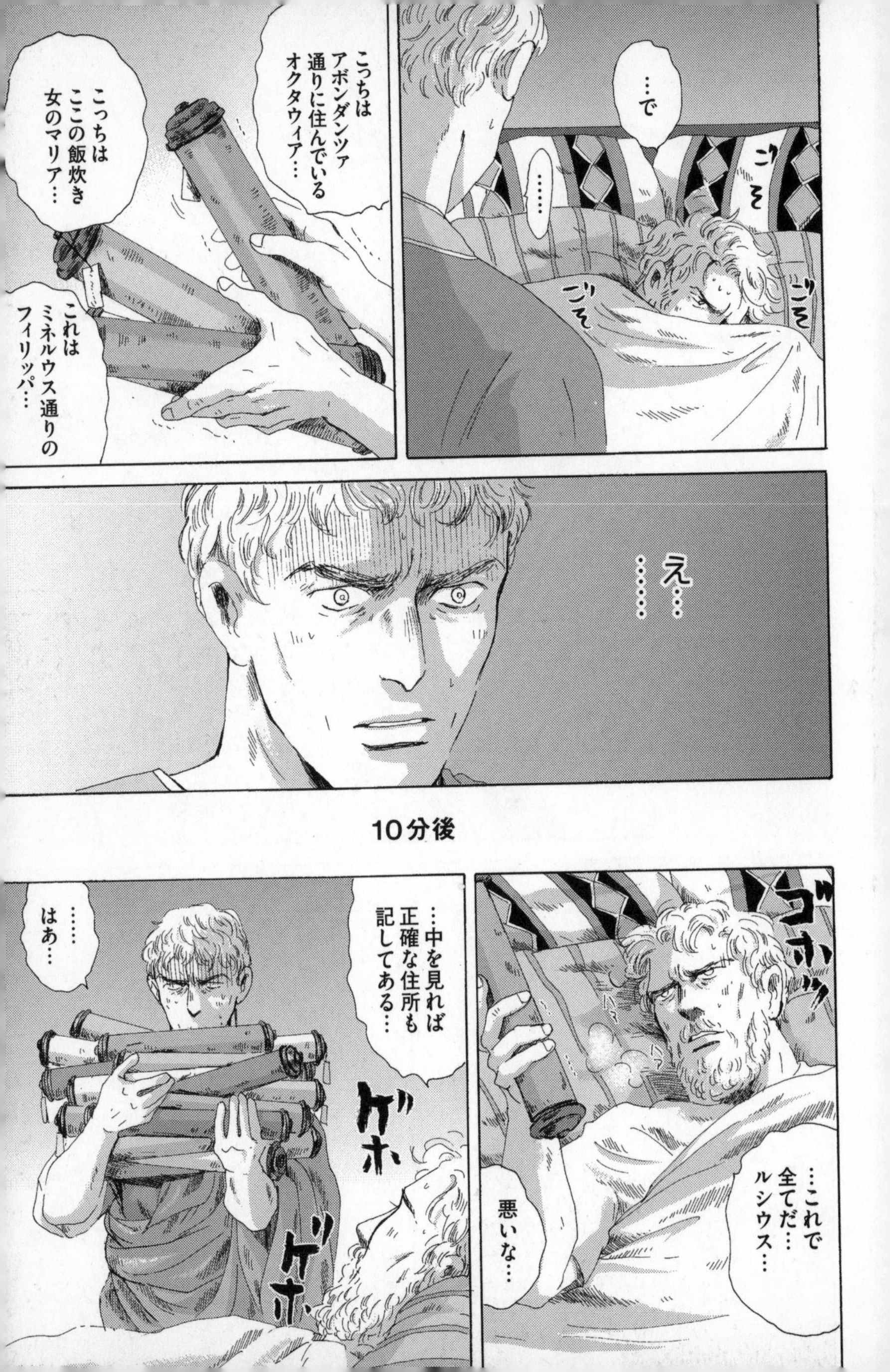

…で
……
ごそ
ごそ
ごそ
こっちはアボンダンツァ通りに住んでいるオクタウィア…
こっちはここの飯炊き女のマリア…
これはミネルウス通りのフィリッパ…
え……
10分後
ゴホッ
…これで全てだ…ルシウス…
悪いな…
…中を見れば正確な住所も記してある…
ゲホ
ゲホ
……はあ…

…これで安心した…
ゴプ
ゴボッ
ゴプッ
アッ…アエリウス様ッ!!
だっ…誰かっ!!
バタン
どうされたっ!!
これはいかんっ
しっかりして!!あなたッ!!
……
あなたぁ～っ!!

アエリウス様は逝った…
ハドリアヌス様のお姿が見えないがさぞかし悲しんでおられるであろう…

マルクス様がいらっしゃるとはいえまだ16歳…
ハドリアヌス様はこれからどうされるおつもりなのか…
……
あと10年…やはりあと10年はハドリアヌス様にお元気でいて頂かなくては…
ハァ
ハァ
ルシウス技師!!
ハァ
ハァ
…ここにおられたか…
アントニヌス様……
ハァ
ハァ
…もっ申し訳ないが
手を貸してはもらえないだろうか…
…手を貸す…
ハドリアヌス様が取り乱されておられて…
誰にも手の付け様がないのだ…
ハァ
何ですとッ

ハァッ
ハーアッ
うぬうっ
陛下っ…
落ち着いて下さいっ
お願いです……
ガッシャーン
ハアッ
ハアッ
わしは
許さんぞっ!!
軟弱者
アエリウス
めがっ!!
バシッ

ガン
バカ者ッ!!
バカ者めがッ!!
ハァ
ハァ
私はあんな男の為に三億セステルティウスも使ってしまったのかッ!!
ヒリ
ヒリ
……
陛下……
うう……

落ち着いて下さい陛下…
どうか冷静に……
うおぉぉ……
アエリウスッ
なぜ死んだっ!!
なぜ皆私を一人にするッ!!
なぜなのだっ!!
……
ううう…
……
ハドリアヌス陛下……
……

…私と浴場へ
参りませぬか…？
……
…浴場だと…？
こんな時に風呂だと!?
…も申し訳ございませぬ…
貴様は何を考えておるのだ!!
…しかし陛下…
そう悪くない案ではないかと…

……
ザバー
……

……
…確かに今の私には風呂が必要だったのかもしれぬ…
落ち着いて考えてみれば今回の件に関しては…
あの体の弱いアエリウスをパンノニアへやるべきではなかったのだ…
思慮が足らなかった…
…
私は崩れる壁に身を寄せてしまったのだよルシウス

私がこの様な困難に陥ったのを知って元老院の連中はさぞかし満足しておろう…
…これでなおさら安堵してこの世を去ることができなくなってしまった…
……
フー
…今の私に
一からやり直す時間が果たして残っておるのか……

…ハドリアヌス様!!
アエリウス様は陛下の御意思を継げなかった事を心から残念だとおっしゃってましたが……
でも幸せな人生であったと…
私に陛下とマルクス様の支えになるようにと言い残されました…
……
私のような者にでも出来得《う》る事があるならば全身全霊でお応えします!!
どうぞいかようにでもお役立て下さい!!
ハドリアヌス様があと10年でも20年でも働けるような……
そんな浴場だって開発してみせます!! 命を懸けて!!
……
ふっ
ふははっ

…ルシウス… そなたの想い しかと受け とめたぞ
だが そなたの やるべき事は 他にもあろう
私の余命とは関係なく 今はとにかく後継者を 決めねばならぬ
16歳の マルクスが 皇帝の座に 着くまでの間 私の方針を
全て 受け入れて くれる人物 ……
そなたには その人物が 方針を 全《まっと》うするよう 見守ってもらい たいのだ
しかし私は 一介の技術者
一体 何が できましょうか

これは アエリウスが即位した折に そなたに依頼しようと思っていた事だが
バイアエ※の壮大な温泉保養地の改装工事を次に即位する皇帝の義務とするつもりだ…
カンパニア州のバイアエ…
そうだ
よって次期皇帝は必然的にそなたと長期間密接に関わることになる…
その一大事業を進めつつ
マルクスも見守っていて欲しいのだ
ローマ人にとって浴場は生活の大切な要《かなめ》…
ローマの平穏が保たれるか否かその鍵を握っているのは そなたなのだ!
なんという大役…
もわ〜〜

※バイアエ＝ナポリ近郊の温泉地。歴代皇帝の別荘、浴場等があった。

ローマ帝国の為に引き受けてくれるな？ルシウス！
もわ～
ルシウス!?
む…
もふぉ～
湯気がひどいですな…
外気温が低いので…
ブン
ブン
申し訳ありません陛下…
ん？
ヒラ…
じゃぶ…
何だこれは!?

ローマ&風呂、わが愛

皇帝の後継者選びというのは容易な事ではありません。ハドリアヌスの時代の古代ローマでは血縁による世襲を行わず、現役皇帝が有能な者を養子として迎え入れるというシステムを取っていましたが、その決定過程には、やはり常に様々な政治抗争があったと推測されています。とはいえ、その方法によって世襲より遥かに皇帝にふさわしい資質の人物が選ばれていたことは間違いありません。ハドリアヌスを含む前後5人の皇帝が「五賢帝」と称されるのも、彼らが主君としてきちんとした実績を残し、広大なローマ帝国の平和を維持しえた手腕をもっていたからこそなのですから。

　アエリウス・カエサルという、ハドリアヌス帝から次期皇帝として養子縁組された人物を、私は好色で軟弱なダメ男として漫画で描写していますが、実際は多元的な魅力に富んだ奥深い人物だったようです。読者の中に、ユルスナールの名著「ハドリアヌス帝の回想」にあるような聡明で美麗なアエリウスをイメージしていた方がいらっしゃったなら、さぞ『テルマエ・ロマエ』に登場する彼の姿に憤慨なされたと思います。そこはコメディ漫画という事で、どうかお許しいただきたい次第です。ちなみにアエリウス・カエサルという名は養子縁組後のもので、旧名はケイオニウス・コモンドゥス。漫画内では「ケイオニウス」と呼ばれることが多いですね。

　このエトルリアの血を引く名門貴族の出身であった人物は、どの書物を読んでも、壮麗な金髪の美男子だったと記されています。その美貌ゆえ、男色趣味のハドリアヌスの後継者として漏れなく「その手のいちゃもん」をつけられたようですし、質実

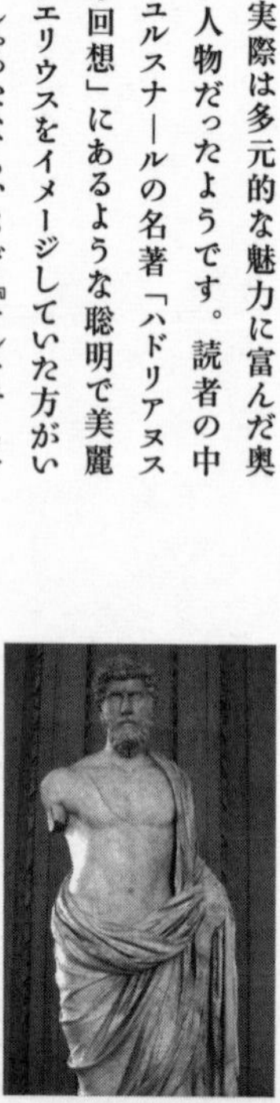

アエリウス・カエサル。これで見る限りごっついオッサンなんですが…

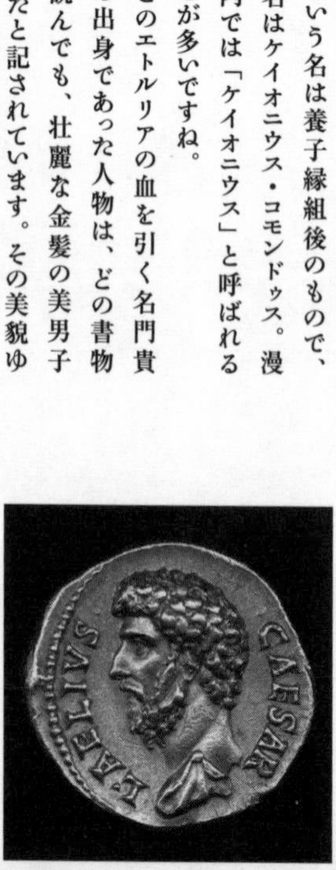

アエリウス・カエサルのコイン。皇帝になる前に死んでしまい、流通数が少ないのでとても希少

vol.14

剛健さと真逆の彼の優美な嗜好や振る舞いは皇帝候補にあまりに不自然、「アエリウスはハドリアヌスの実子だったのではないか」なんて憶測まで後世に及んで為される始末。それくらい、皇帝というイメージに相応しくない人だったのでしょう。

　記録に残っている彼の言動は、確かに当時のローマ男性と比べると規格外。容姿端麗で、ギリシャ語を自在に操り、風刺詩や恋愛詩を好んで朗誦し、元老院での演説は雄弁術の教師になれる程のレベル…と職務を鮮やかにこなしつつ、一方で、大好きな薔薇を敷き詰めたベッドで、沢山の女性達と甘美な時を過ごす。浮気に忙しくなおざりかと思われる妻にも子供を3人バッチリもうけさせ、「女房とは敬意の対象であって楽しみの対象では無い」なんて発言とは裏腹に、それなりに上手くやっていたらしい。

とにかく、マッチョさをポリシーとした同性の神経を逆なでする要素てんこ盛りな人物像が浮かんできます。

　アエリウス・カエサルは結核と思しき病を患っており、パンノニアの駐屯地から戻って間もなく、僅か30歳で温泉地の別荘で亡くなりますが（当時は温泉地が貴族など多くの上流階級の人々の終焉の地でした）、果たされなかった彼の皇帝としての使命は、その後長い時を経て、息子であるルキウスに受け継がれていくこととなります。

　漫画の中ではタダの助平男に仕立ててしまったアエリウス・カエサル。それでも私的に愛すべきキャラクターでした。またどこかでこの人物を、もっと深く面白く描けたらいいなと思っています。

アエリウス・カエサルの息子、ルキウス・ウェルス。かなりタイプ

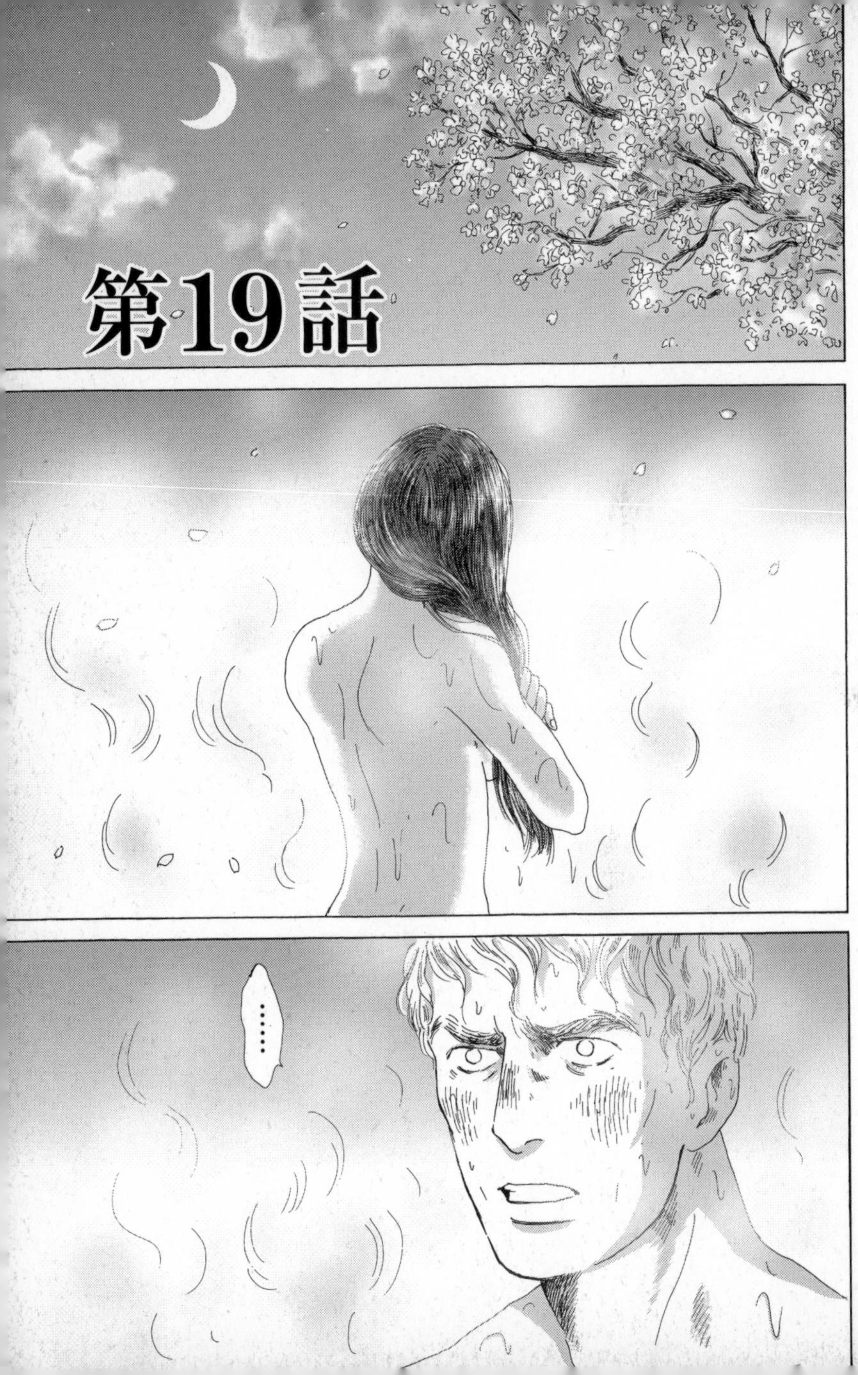
第19話
……

こっ…
これは?
……
月の女神
ディアナの
湯浴み…!?
そんな
はずは…
……
じゃぶ…

ハッ…
……っ!!
あ…の…
露天の男性の利用までまだ30分あるはずですけど…!?
ちゃぷ…
……
な…なんと美しい…

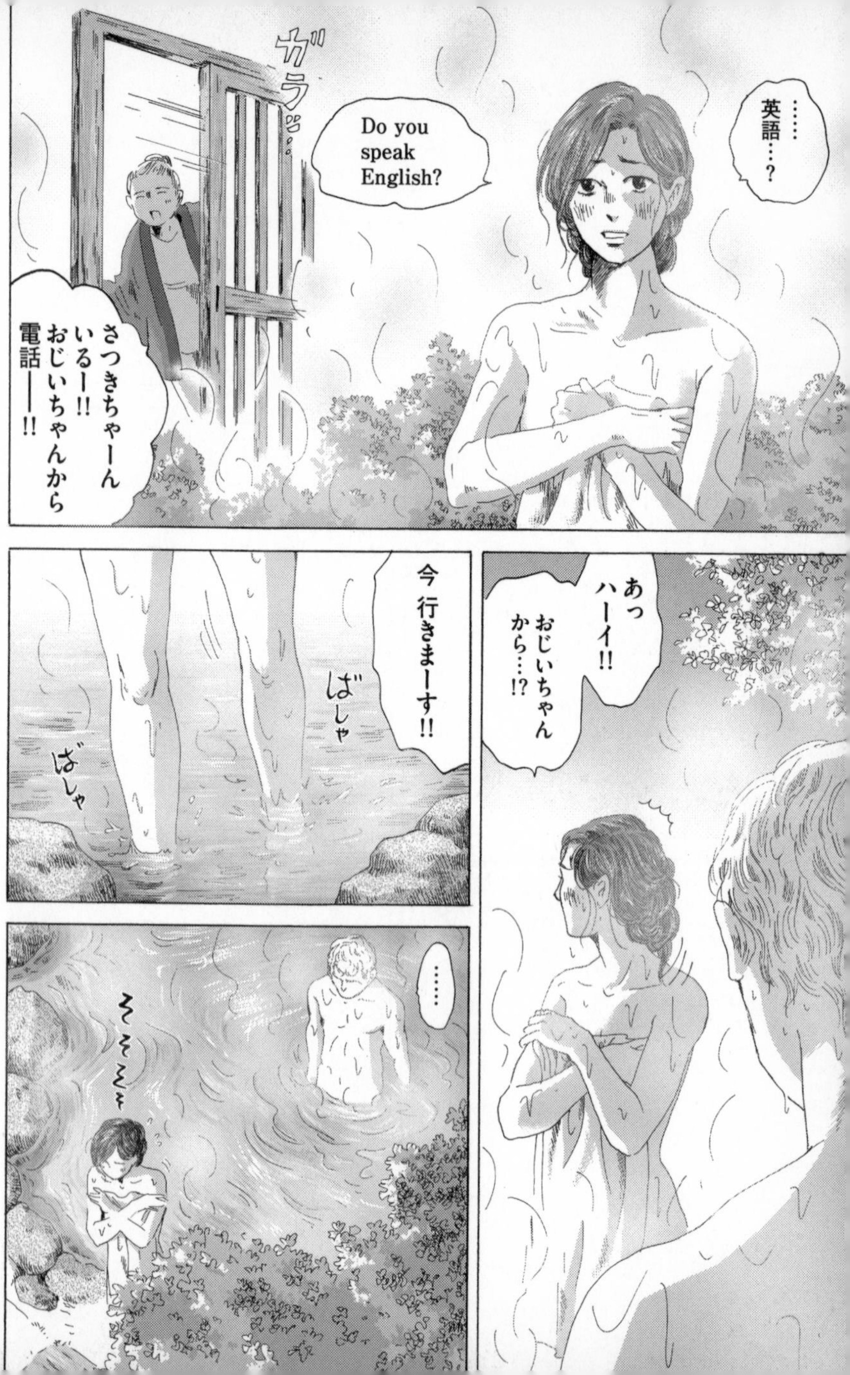
Do you speak English?
……英語…？
ガラッ
さつきちゃーん いるー!! おじいちゃんから 電話——!!
あっ ハーイ!! おじいちゃんから…!?
今行きまーす!!
ばしゃ
ばしゃ
……
そそそそ

こんな美しい
平たい顔族に
会ったのは
初めてだ…
……
…む!!
潮の香り…
…波の音…
ザザザー…ン
……海があるのか……!?
…
ガサ…
…おおっ

ザザーン…
これは…
バイアエの海岸…!?
いや違う… 地形といい 海の様子といい 実に良く似ているが
ザリ…
ここは平たい顔族の国…

む…!!
海辺のあちらこちらに湯気が立ち昇っているが…
建物らしきものがあるから浴場かもしれぬ…
海岸周辺を浴場施設にしているのも
全く同じだが…
櫓《やぐら》が沢山あるな…
ちょっと見た様子だとバイアエよりも余程発達してるようだ…
心身ともに疲れてらっしゃるハドリアヌス様も少し落ち着いたらゆっくり浴場で保養していただきたいものだが…
そういえばハドリアヌス様は…
はっ…

まずい!!
こんなことしてる場合ではないっ!!
くるっ
ダッ
わたしは陛下ととても大切な話をしている最中なんだった!!
とんでもない無礼を働いてしまった…!!
早くローマへ戻らなければっ!!
じゃぼ
ばしゃ
じゃば
じゃぶっ
……戻るには確か…
…
湯に浸かればいいのかな…!?
ふんっ
どぼん

ボコ
……それにしても…
……
ボコ
…あの湯気の立つ櫓は一体何であったのか 少し気になるな… 近くで見てみたかった…
ボコ
……そしてあの美しい女性にもう会えないのも寂しいが……
…だが!! 今はそんな事考えてる場合ではない!!
早く帰って陛下のご依頼をはっきりお引き受けするとお返事しなければ!!
ローマの運命にかかわる重要なご依頼だからな…
ゴボ
…よしもういいだろう!!
ボコ
出よう!!
ザパッ
ぷはっ

ハアッ
ハアッ
陛下ッ 大変失礼いたしましたッ!!
先程の件でございますが…
…え…
ハア…
もっ…
戻ってない!!

そうかっ…
湯に入った時の
激しさが足りなかった
のかもしれぬ…
……
ハァッ
ハァッ
いつものように
もっと激しく…
ハアッ
ハアッ
ハアッ
バシャ…
思いがけない
感じで飛び込む
のだ…!!
…
陛下
今 参ります
少々お待ちを!!
スゥ…
じん

ぴょーーん
だっぱーん
ポタ
ポタ
ポタ
しーーん

バッシャァァ
つぷふぁッ
ハッ
ハッ
ハァッ
……
え…!?
三千～
世界の～
鴉《からす》を
殺し～
ぺた
ぺた
バシャー
…ん?
何じゃい
この音は…
ガラ
…

これでどうだッ
ふおっ
ハアッ
回ってみたりっ!!
さらにっ!!
後ろからッ
へやっ
伸ばしてみたりッ
ふんっ!!

もう何だかわからんっ
どっぽーーん
ブク
ブク
ブク
ザバー
ゴボッ

ゲホッ
ハァ
ゲホッ
ハァ
ハァ
…オメ
何やってんだ!?
ゴホ
ハァッ
ハァッ
……
ゲホッ
バターーッ
うわっ
倒れよったッ

東林館旅館

じっさんが
見た時はもう
倒れてたのかい
この外人さん
いんや
……
わしが見た時は
何度も何度も
風呂の中に
飛び込んどった
困ったもん
だねえ…
外国の人は
日本の風呂に入ると
はしゃぎたがる
から…
…んだけど
この人は そんなに
楽しそうじゃ
なかったぞ…?
眉間にシワ寄せて
苦しそーな顔して
ふざけた感じじゃ
なかったな…
…まさか
死ぬつもり
だったとか…
まさか
あの浅い
風呂で…
……
そうだよねえ
新種の
変態…!?

とにかく宿帳にも
載ってないし
ウチの客じゃない
事は確かだけど…
日帰りの客は
午後3時以降は
入れてないし…
隣の
小野屋ホテルさんの
お客…?
う…
え?
……あっ
気が
付いたかのっ
ぱち…
……
…
……
東林館旅

ガばっ
!!
……
……
ダメだったのかっ…
…
くそっ…
のそ…
あらっ
立ったよ!!

UBI THERMAE SUNT? テルマエはどこだ？
…ほえ!?
UBI? どこだ?
…何か訴えてるこの人…
な…何語だろシンちゃん…
オレにわかるかいおカミさん!!
……
使えぬ者どもめ
……
そうだっさつきちゃんならわかるかも!!
わっ!! どこ行くんだいっ!?
ずい
ち…ちょっと
まさかまたフロに飛び込みにっ
ワーワーワー
早まんなっちょっとあんたっ

NE ME TETIGERIS! 私に触れるなっ!
!?
PRINCEPS ME OPPERTUR! 陛下が待っておられるのだ!
ME STATIM ROMAM REDIRE OPORTET! 早く帰らねばならぬのだ!
兄さんちょっと落ち着けって!!
SINE ME! 行かせてくれ!
…これ…ラテン語…!?
さっきの露天の人だよね?
たのむっ問題起こすような事やめてくれッ
……
ディアナ…!!

あーっ ちょうどよかった さつきちゃんっ!!
あんた 英語とか 出来たよね!?
……
ハァ ハァ
この人の 言ってる事 わかる?
SINE ME!
放っておいてくれ!
SINE MEGRAM!
溺れさせてくれ!
QUA ES VOS EX??
あなたどこの人??
CUR LATINE LOQUITUR?
なんで ラテン語を?
何故《なぜ》だと…!?
……

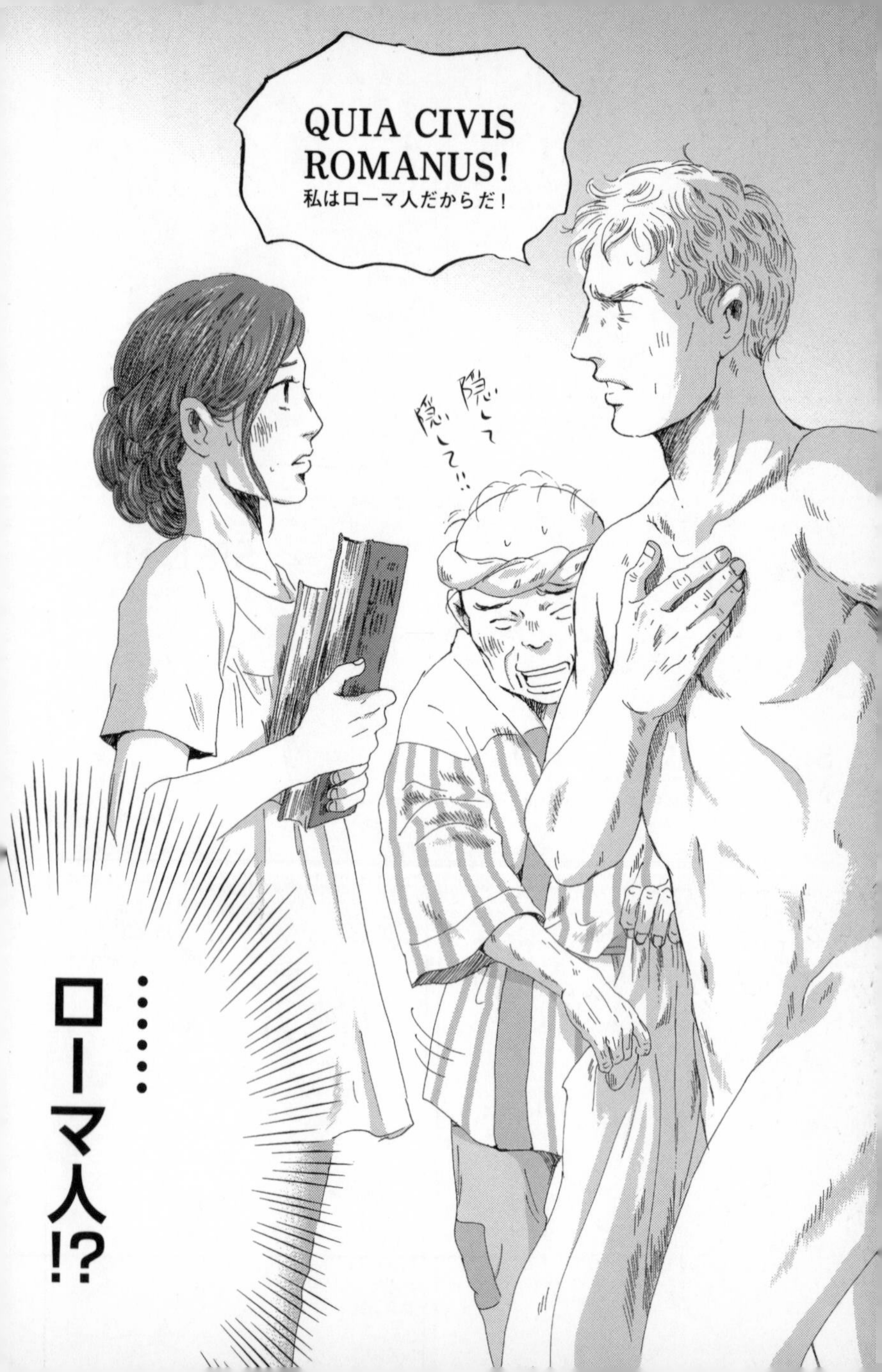
QUIA CIVIS ROMANUS!
私はローマ人だからだ！
隠して隠して!!
……ローマ人!?

……
そう
私は
ローマ市民だ！
第20話
…ローマ
市民……？

……ローマでラテン語※が喋れるってことは…この人ってカトリックの神父!?
とにかく私は早急に帰らねばならぬ…
ここにはローマへ通じる浴場があるはずだ!
教えてくれ そこはどこだ!?
……浴場…?
お風呂ならこの奥に…
……
スタ
スタ
スタ
この奥だな!? 礼を言うぞ!!
ああっ
わーダメダメッ さつきちゃんっ
その人 お風呂で無茶苦茶するから止めて~~~ッ!!

※ラテン語は古代ローマの公用語。現在のヨーロッパ諸言語の元になったが、現時点で話せるのはカトリックの神職ぐらい。

……
ピタ
あっ
止まった……
……
……
くる
……そなたは
私が初めて出会ったラテン語を話す平たい顔族だ
ひ…平たい顔族……？
発音など気になる点はいくつかあるが…

そなたはローマに来たことは？
何だって……?!
……一度だけ…
そうか！言葉だけでなく訪れたことがあるとは……嬉しいぞ！
……あっ……ち……
くる
だっ
ちょっと待ってっ!!
何だ？
……

ローマから来たってことはつまり…
あなたはイタリア人なのですか？
………※イタリア人？
何だそれは？
ラテン語が流暢ってことは…
もしかしてバチカンの神職の方ですか？
バティカヌム……？
……
それはローマの※モンス バティカヌムのことか…？
あそこはネロ帝の作った古い競技場と墓地がある淋しい場所だが…
MONS VATICANVM

※イタリアが統一されたのは、1861年。当然、それまでイタリア人という概念は存在しなかった。

※バチカン丘という意味。のちにカトリックの総本山バチカン市国が作られる。

私が住んでいるのは
バティカヌムではなく
カンプス
フラミニウスだ
……
この人…
バチカン市国
成立以前の状態
まで知ってる!?
どうして…!?
ドキ
ドキ
ドキ
そなたの言う
"イタリア人"が
何を意味するのか
わからぬが…
私の父は
テラキア出身の
ラテン人
……
母方の先祖は
サトゥルニアの
エトゥルリア人
悪いが 今は
私のことについて
詳しく答える暇は
無い…
……
そして
私の職業は
浴場技師だ!
帝国内で浴場を
作っている
ここへ来る前
ハドリアヌス陛下
と大切な話を
している最中
だったのでな…
えっ

……
スタ
スタ
スタ
あ～っ さつきちゃん 行かせないでーっ!!
止めるのよっ!!
あのっ
もう少しだけ あなたとお話 させて下さいっ
お話…!?
お願いしますっ!!
お願い します…
……
……

とく
とく
どうしよう…
胸のドキドキが
止まらない…
どき
どき
どき
……
これ麦茶です
知ってますか？
麦
だと？
変人でも狂人でも
古代ローマの深い
話ができるなんて
ゾクゾクする…
良かった…
さつきちゃん
説得出来た
みたいだね…
彼女に
出来ない
こたぁ
無いっ!!

とにかく
私は急いでいるのだ
早目に頼む!!
わかりました
早目にしましょう
まず あなたの
お名前を…
伊藤温泉の
大天才
ルシウス・
クイントゥス・
モデストゥスだ
小達《おだて》さつき(28)
しっかり
ローマ市民風に
3つの名前ね…
この温泉街で
彼女の名前を
知らぬ人は
いない…
さらさら

さつきの母親は
かつて伊藤で
一番の売れっ子
芸者だった
桃千代
その美しさと
気品の虜《とりこ》になった
男衆は数知れず…
桃千代さま〜
桃千代姐さん〜〜
だがしかし
桃千代は
不治の病に
侵されて
しまった…
その時
さつきは
わずか10歳…

自らの死期を悟った桃千代は…
愛する娘に遺言を残した
……さつき 幸せになりたいんだったら男の人で失敗したらダメよ
……
質実剛健で不屈の男を選びなさい…いいわね…?
間もなく桃千代は幼い娘を残し息を引き取った
お母さんっ!!
さつきは母の遺言を固く守ろうと誓ったのだった
でも シツジツゴーケンでフクツってどういう意味? お母さん…!
父のいないさつきは祖父に引き取られた
質実剛健
不屈
母の残した言葉の意味を今一つ理解できなかったさつきだが…

小4の夏休み
彼女は
その意味を
理解した
……
さつきは
とある人物の
伝記に心を
奪われたのだ
その人物とは
ジュリアス・
シーザー
すなわち
ユリウス・カエサル
統率力があり
勇気も抜群…
この人物が
端緒となり
空前の帝国が
建国された
キャハハハ
それでねー
ハハハ
二千年も前に
存在した
カエサルこそ
質実剛健&
不屈の男…
そう確信した
さつきは図書館に
通いつめ ありと
あらゆるローマ
関係の本を
読み漁った
スキピオ・
アフリカヌス
もいいな…
ローマ人じゃ
ないけど
ハンニバルも
かっこいい!
ポエニ戦争

透明下敷きの中には
ローマ彫刻の
切り抜きや
地図を入れ
ぎゅう
ぎゅう
大好き♡
ランドセルには
フェルトで自分が
作ったカエサル風
マスコット人形…
ブラ
ブラ
SPQR

家庭科の授業では
「元老院と
ローマ市民」の
アップリケエプロンを
作った
小達さん
これ…
どういう
意味です
か？
エスピーキュー!?
「※セナートゥス
ポプルスクェ
ロマヌス」です
SPQR

※SPQR＝ラテン語で「元老院とローマ市民」という意味。「レディス アンド ジェントルマン」とほぼ同じ意味あい。

そんな
変わり者の
さつきに
ねーねー
さつきちゃん
スマップで一番
誰が好きなの？
あたし
キムタクー♡
あたし
カエサル♡
友達は
なかなか
できなかった…

中学に上がった頃には とうとう古代ローマの専門書にまで手を出し…
ローマ帝国衰亡史 I
自省録
マルクス・アウレーリウス
部屋の中は
カエサルポスター
CAESAR
セネカの詩
ローマ帝国全図（2~3世紀）
SPQR
ギリシャ ローマの石膏像
質実剛健 不屈魂
歴代お気に入り皇帝
さつき作 ローマ人人形
古代ローマ帝国一色…
「ああ どうして私は二千年前のローマに生まれて来なかったのだろう…」
ガリア
さつきは毎日そんな思いを巡らし続けていた…

相変わらず友人は出来なかったが
その美貌で道行く人を振り返らせていた さつき
高校は県立の進学校にトップで入学
Cio' che sta nel cuore del sobrio
その頃になるとローマに関する原書を読みたいという理由で英・仏・伊語をマスター
CARCOPINO
La Vie quotidienne à Rome
Jérôme Ca
Latine loqui non est difficilius!
…Vero?!
LATINE
とうとうラテン語にまで手を出した
伊文化会館 ラテン語コース
それでも物足りないさつきは…
世界史教師
ん？何だね？
先生…ご相談が

何これ…？
古代ローマ研究会
SPQR
会員募集中！
トーガを着て一緒にローマを語ろう!!
新しい部活…!?
古代ローマ研究会なるものを
古代ローマ研究会
SPQR
会員募集中！
トーガを着て一緒にローマを語ろう！
結成してしまったのだ！
ひやかしはあったがメンバーは一人も入らず…
せんせー！何そのカッコ!!
アハハ
……
こらっ入部しないなら覗くな!!
こんにちは…
そこへ
一人の生徒が現れた
入部希望なんですけど……
ガタッ

それは学校で一番のモテ男島田洋二
俺古代ローマって興味あるんだよね…
さつきは人生で初めて自分と同じ興味を持つ人間に遭遇した
ほんとですかっ!?
しかし実のところ島田の狙いはさつきであって古代ローマはどうでもよかった…
さつき好みのヘアスタイル
どうでもよかったがさつきの気を引くため色々やらかし…
本当に色々やらかし…
行ったんですけどシイザーがいなくって帰ってきちゃいました〜
アハハ
だめじゃっっ
おまえ何考えて
ダメッもう一回ッ
←ローマ漫才特訓中
ようやくデートに誘うことに成功
せっかくですからラテン語で会話しましょ
えっ!?

キャハハ
そんな事よりさつきちゃんボート乗ろうぜっ!!
そんな事より…？
観覧車乗ろうぜっ
SUPER SHOT
プリクラ撮ろうぜっ!!
アイスくおーぜっ!!
念願のさつきとのデートを実現させた島田は大ハッスル
夜になってさつきを家まで送った島田は
……
今日は楽しかったね…
さつきちゃんっ
さつきに接吻を迫った
!!
!?
な軟弱者
……え？
なんじゃく…？
軟弱者…!!

…クズは消えて…
そんなっ
さつきちゃんっ
待ってくれっ
オレの何がクズなんやっ
島田は
玉砕した……
ねーねー知ってた!? 島田先輩小達さんにフラれたんだってー
うっそまじで!?
でも小達さんって頭良すぎて少しおかしいって噂だよー
さつき更に孤立
それ以外さつきには浮いた噂が一つも出る事は無く
そのまま東大へ入って考古学を専攻 大学院まで進んだ…
……
教授の立場でこんな事は口にしたくは無いんだがね…

教授には
ここに居てもあまり君の為にはならん！
は!?
君の博士論文は私の著作10冊をはるかに上回る内容だ…
もう何も教える事は無いと嘆かれた
その後オックスフォード大学との合同調査団に加わり
ローマの近郊で念願の発掘調査に携《たずさ》わったさつき
飲まず喰わずであちらこちらを掘りまくり…
……君はどうやらローマ帝国中を掘り尽くさないと気が済まん様じゃな
あきれる教授にさつきは答えた
……教授

……こうやって掘り続けていれば
いずれ本物のローマ人が出てくる様な気がして…
バカですよねーあたし…
アハハ
…これが小達さつきという女だった…
……
私はいつまでもここでそなたの質問を受け続けるわけにはいかぬのだ!!
すみませんもう終わりますから…
早くローマへ帰らせてくれ!
ごめんなさいそれでハドリアヌス帝とは何を…
それは前に話した!
何となく外人の人イラついてきてるわね…
さつきちゃんしつこいからなあ…

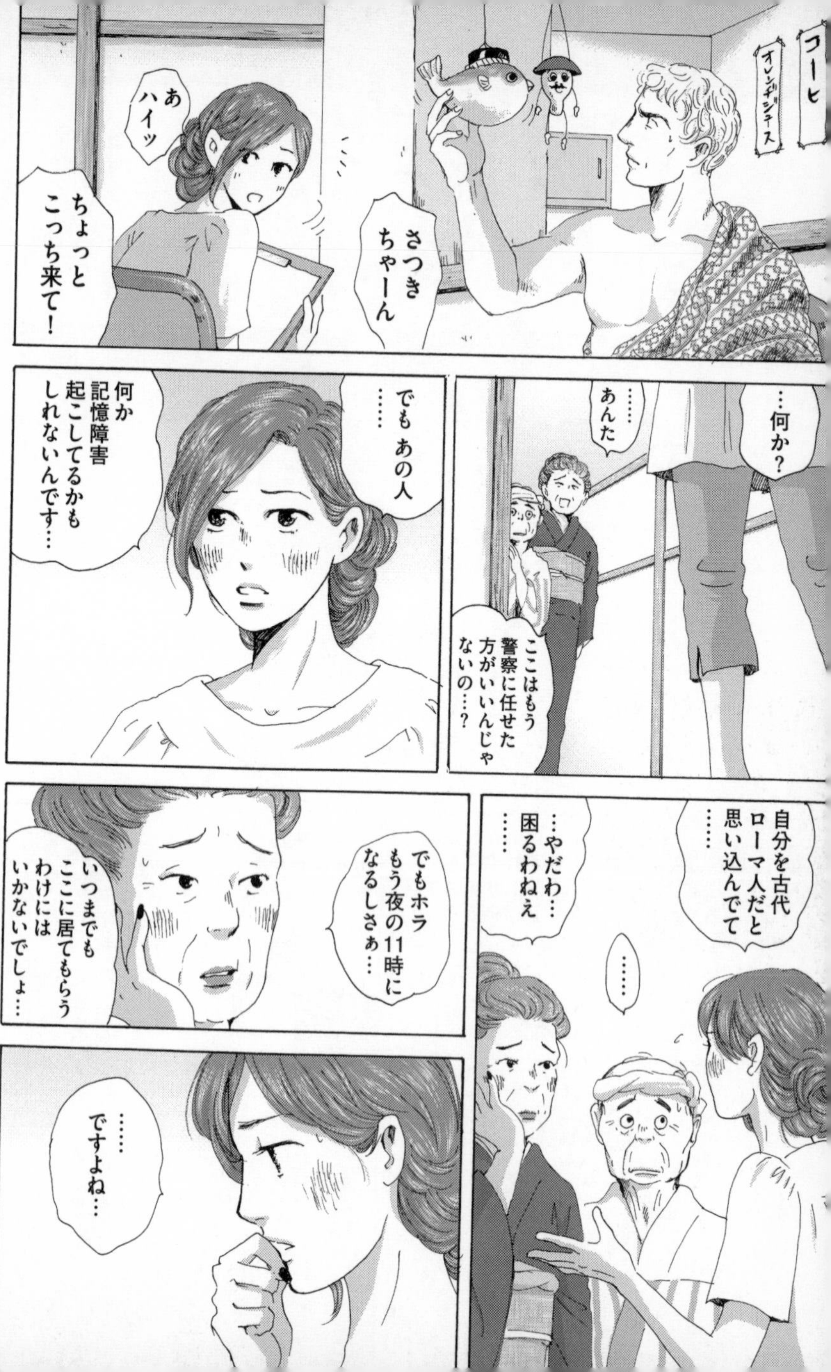
コーヒ
オレンジジュース
さつきちゃーん
あ ハイッ
ちょっとこっち来て!
…何か?
……あんた
ここはもう警察に任せた方がいいんじゃないの…?
……でも あの人
何か記憶障害起こしてるかもしれないんです…
自分を古代ローマ人だと思い込んでて……
…やだわ…困るわねぇ……
……
でもホラ もう夜の11時になるしさぁ…
いつまでもここに居てもらうわけにはいかないでしょ…
……ですよね…

わかりました！とりあえず泊まってる場所だけでも覚えてないか聞いてみます！
ちょっとそうしてもらえる？悪いわね…
……
お待たせしてしまってすいませんでし…
あれっ…？
……あの人は…!?
カラッ
コロッ
カラ

おそらく
あそこの浴場
では効力が
足りぬのかも
しれぬ…
もっと
効き目の
ありそうな
場所で試して
みなくては!!
むっ!!
くんっ
硫黄臭の
煙……
もふ
もふ
あそこか!!

うむ…
ここからであれば帰れる気がするぞ…
第21話

……
もうもう
立入り禁止
キケン
む…
これは…この柵の中には入れぬのか…
……
もの凄く高温な蒸気が出ている中で湯が噴出しているのだろうか…
…これでは例え柵が無かったとしてもこの高温の湯に入るのは無理であろうな…
……

しかし
この装置自体は
大変気になる
ものだ……
見た目には原始的だが
平たい顔族の湯に対する
知恵の産物であるのは
間違いない…
源泉や
……
…字が
読めれば
な…
…用途によっては
ローマでも使える
かもしれぬ…
構造を見てみたい
ものだが…

こんな事をしている場合ではない!!
私は一刻も早くローマへ帰らねばならぬのだ!!
早くローマへ戻れる湯を見つけねば!!
カラッ
コロッ…
ザザー…ン…
伊藤温泉公園
ほかほかランド
やぁだぁもォ〜〜〜しんちゃんたらァ〜
なで
なで
さっきからお尻ばっか触ってるよ〜

だってオレ
りえのお尻
めっちゃ
好きだし!!
いっちゃら
いっちゃ
でもォ～
やっだ～
こんな所
でェ～
いっちゃ
いーじゃん
誰もいねーん
だから～
…何かオレ
待てねェ……
あーッ!!
足湯ゥ★
やった♡
入ろッ
入ろ♡
足湯
あたし～
足湯
だぁ～い
好き♡
キャハハッ
ババー
くせぇー
アハハッ…
フウーッ
へー…
こんな所にも
あるんだ～～
ハ…

!!
なっ
……
バシャッ
ぎろ

ひキャー!!
ザッパー
……
ザプッ
…!!
わし

……
ガク
ガク
ガク
きゅっ
カラッ
コロッ
……ななな
……なにあれっ
……なんなの
なんなのッ
しっ
しらねえっ
しらねえよ
ガク
ガク
ガク
パタ
パタ

ガラ。。
じゃ じいさん 行ってくるね
…あ?
やさい あらってくるね
ガリ ガラ
ガラ ガラ
共同洗い場
じょぼぼぼぼ…
じょぼぼぼ

じょぼぼぼ…!
キコ キコ
キコ キコ
早い時間はすいていいやね…
っこらしょっと
ごそ ごそ
ここのお湯で洗った方が漬け物うまくできるからの……
ばしゃ
もそ もそ
もそ
…?
もそ もそ
ぼっっ
……

じゃばん
ぶぁはッ
ハアッ
ゲボッ
ハアッ
ハアッ
ハアッ
ゲホ
ゲホ
ハアッ
ハアッ
……
ハアッ
ハアッ
……

ハァ
ハアッ
ハァ
ポス
……
じゃぽっ
ゲホ
ゲホ
カラッ
コロッ
カラっ
……
コッケコッコォー
チチチ…

バシャ
昨日のあの人…どうしたのかな…
……
泊まってた場所に戻れたのかな…
何なのあれ～
ねー
やばいよね～あの外人～
頭ぜったいへんだよねー
朝から男のコカンってどーなの!?
……え
さいしょ死んでんのかと思ったよっ
……
ギャハハハ
ちんちん丸出しっ!!
……
あれって変質者!? ギャハハハ

あの人だっ!!
タタッ。
じじじじじ〜
じ〜〜
……
み〜ん
みん
みん
伊藤
ハア
ハア
ハア
どこ!?
ハア ハア
ハア
この辺っ……!?
ハア
ハア
……
私交番に行ってきますね!!
お願いしますー
じょぼぼぼ

うっそありえねー!!
じょぼぼぼ
やっ
マジで変態!?
え なになに?
……
やっべー怖っちょーウケる!!
ギャハハ
見てよコレ～!!
ハア ハア
見つけた!!
ルシウス!!

……ディアナではないか…
ここで何してんですかっ!! 早く出て下さい!!
ダメだ！私は何としてもローマへ帰らねばならぬ！
湯から離れる訳にはいかんのだ!!
でもこれ以上こんな事していたらっ
面倒な事になってますますローマに帰れなくなりますよ!?
話はゆっくり聞きますからとにかくそこから出てっ!!
……

ザザーン…
ギャア
ギャア
ザザー…
……
…このまま
もしローマへ
戻れなかったら
私の技師
としての
人生はもう
お終いだ

……
技師…？
そうだ！
私はローマで
浴場の設計を
している……
…やっぱり
この人
どこかの企業から
派遣されて
きたんだ……
……
…それは
ローマ帝国の
将来に関わる
重大な仕事だ
……
実はここへ
来る直前に
大きな仕事を
皇帝から
任されたのだ!!
そんな大きな
仕事を 仰せ
つかった
ばかりなのに…
このままでは
確実に信用を
失ってしまう…
ザザ…
……

ギャア
ギャア
…湯に入って帰れぬのなら馬を借りてでも帰るしかあるまい…
…ここは島国ですから馬では帰れませんよ…
では船を!! 船で構わん!!
…たぶん焦って帰らなくてもいいって事なんじゃないですかね…？
せっかくここまで来たんだから
何？
…つまりいろんな事をたくさん経験して
……
それから帰りなさいって事なんじゃないですかね…？
帰るのはまだ早いと…
……そうか……

つまり そなたが 言いたいのは… 私はまだローマへ 帰ってはならぬという
ザザァ…
神の思《おぼ》し召《め》し やもしれぬと ………!?
ええ… わかんない ですけど…
ふふ…
…言語の通じる 彼女がいれば 多くの事を学べる のは確かだ…
ところで ルシウスは どこの宿に泊まってるのですか…？
宿!?
宿も 何も ……
私はいつも いきなり この国へ 来てしまう のだ!!
…え？
いつも湯に 溺れて 気が遠くなり 気付くと ここにいるのだ!!

…何かトラブルにでも遭ったのかな…この人
私は ここがローマから何マイル離れているかも知らぬ!!
ルシウス………
…ローマに帰れるまでここで働いてみるのはどうですか？
ええ…
働く!?
……
そうすればこの街の事も細かく調べられるでしょ
それに街の人にも怪しまれずにすむし…
……
大丈夫！昨日の宿の主人に私が頼んでみます！

東林館
お世話になりました――!!
はいはいどうぞまたいらして下さいね～
ありがとうございました!
気をつけてお帰り下さいな――
さようなら～
どーもォ
おせ話さまでした～
……
あハーイ!!
どーもねぇ～
…ちょっとおかみさんっ…!!

……何よ？
何よじゃないでしょー!? ったく…いいんですかッ!?
どこの馬のホネともわからない
頭のヘンな外人をいきなり雇うだなんてっ…!!
あんたさつきちゃんの事信じてないの？
あの子は天才なのよ？
…いや…それは関係ないっていうか…
まあいいじゃないの…
あの外人体つきもいいし誠実そうだし
くる
誠実そうだし!!
…そういう問題じゃないし…
さつきの話だとあの人はるばるここまで温泉を学びに来てる技術者らしいし…
す
…いやっでもですねおかみさん……
それに!!あのお堅い娘があんな嬉しそうにしてるの初めて見たし…
……

おかみさーん
準備できました
よう～
……
東林館旅館
東林館旅館
FUJISAN!
あっ
らぁ～
半纏《はんてん》
似合ってる
じゃない
のォ～♡
ハァ～
…だから
そーゆー問題
じゃない
でしょ…
まずいって
絶対…
……
東林館旅館

第22話
バサッ!
布団っちゅうのは左右に折ってから上下に畳むんじゃ
こうしてな…
じっ…
先に上下に畳むとキレイな形に収まらんでの
こうしてこう!!
ポフ
ポフ

ほ〜〜ら
できたっと
……
平たい顔族の特徴は部屋の中にできるだけ多くの空間を残す事…
東林
押入れの中にしまう時は下から敷布団 掛け布団 枕にシーツ!
オッケ?
この壁の収納も家具を単体で置くよりもずっと合理的ではないか……
……
んじゃ ちょっくら 一緒にやって みるかいの?

はい
ガラッと
フスマを
開けてー
ガラッ
「失礼いたします
お布団をひかせて
いただきます」
「シツタタマース
オトーイア
イタターマス」
布団だけでなく
身体も折り曲げ
るのか…
東林館旅館
東林館旅館
FUJISAN
まず
シーツと枕を
そのまま
取って
そうそう
その調子！
布団を
敷く位置の
上に置く！
……
スタ

シーツは
ピーンと張って
ふわっと
かぶせるのじゃ
……
ふわ
よっしゃ!!
ハイッ
じゃ お次の
掛け布団!!
老人側の布が
布団に対して若干
ズレている!!
ビシィー
…
こーやって
布団の下に
シーツを
折り込み…

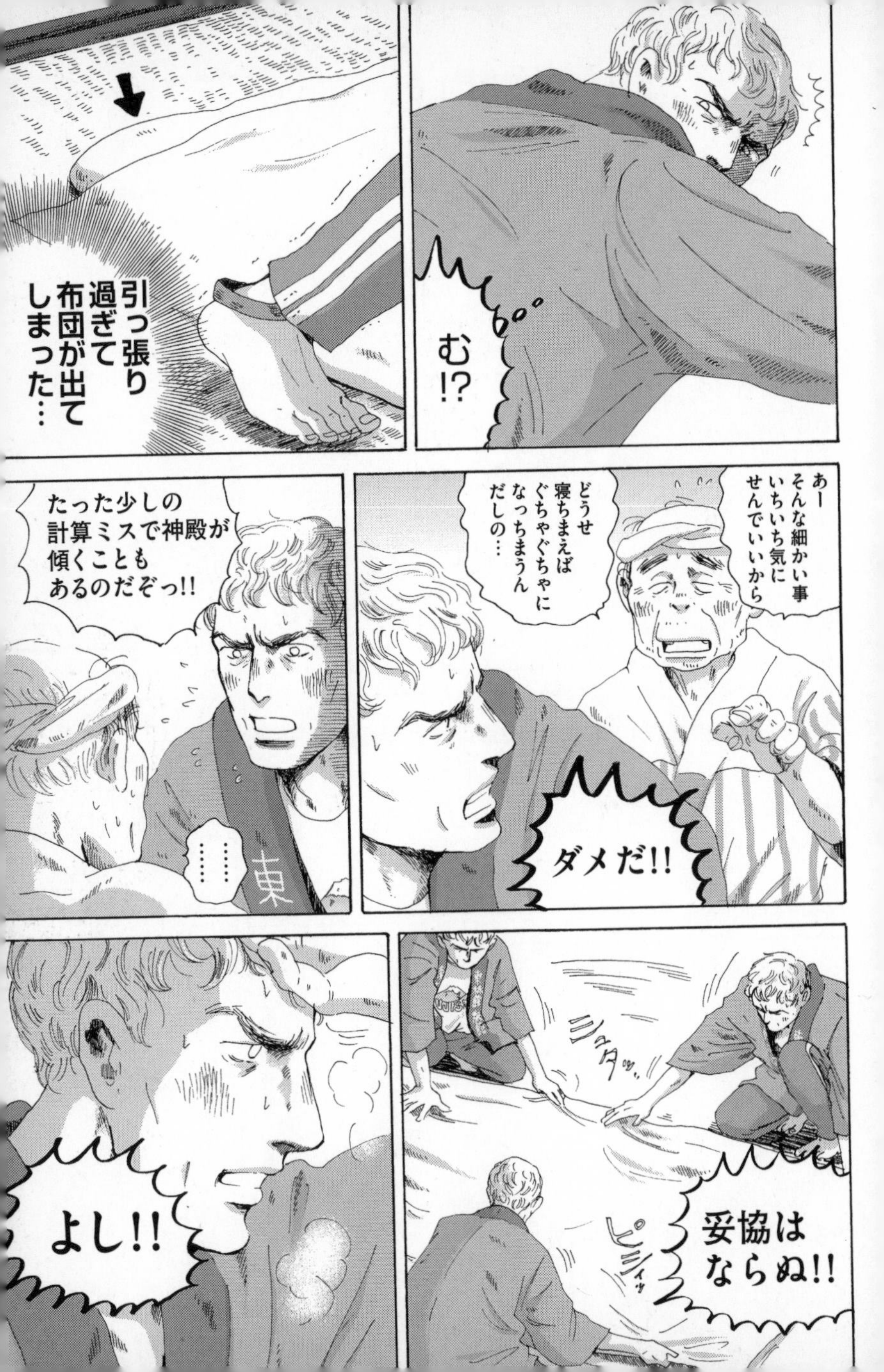

む!?
引っ張り過ぎて布団が出てしまった…
あー そんな細かい事 いちいち気に せんでいいから
どうせ寝ちまえばぐちゃぐちゃになっちまうんだしの…
ダメだ!!
たった少しの計算ミスで神殿が傾くこともあるのだぞっ!!
……
妥協はならぬ!!
よし!!

キチーッ
手掛けたものは最後まで完璧にやりとげるべし!!
さ 次の所へ行くぞ
…あんな四角くなくたって別にいいのによ…
……
……
ちょっと今の部屋に戻るっ!!
だーっ
あ!? どこ行くんじゃい!!
やはり床の黒い縁《ふち》と布団の角度が平行ではなかった…
私としたことが…
なぜ気がつかなかったか…
……
またやるのかい……
とほほ…
やり直し中

次は廊下の拭き掃除じゃい!!
ここの旅館は古いでの!
昔の造りだもんだから長い廊下が多いんじゃ
こういう古い廊下はモップとかじゃキレイにならん!!
雑巾がけが一番効果的なんじゃ!!
あんたの国ではどんな風に掃除してるか知らんがの…
こうして雑巾を水に浸して…

ホイ これ あんたの
構えは こうじゃ!!
……
ぐっと 足に力を 入れてえ ──…
ぐい
ダダダーーッ
いざ 突撃ッ!!

どうじゃいっ
わしゃこう見えても雑巾がけには自信があるッ
ドドドー
復路も突撃ッ!!
ハァ
ハァ
片道完了!!
ツツツー
止まらずにそのまま折り返しッ
ピャ
ピャ
ピャ
見よ!!この仏様がお通りになられてもおかしくない輝きを!!
うおおお
ズザ

だだだだだ
ちら
ニヤリ！
うおりゃあああ
ドドドドド

だだだ
だだだだ
ゆら
ゆら
ドーン…
バサバサ

ゆら ゆら
ピカ ピカ
ピカ ピカ
ピカ ピカ
ピカ ピャ
ハアッ
ハアッ
ハアッ
ハアッ
ハアッ
ハアッ
……
…そっ…
コーーン
そんじゃ次ッ
コココココ

……
……
東林館旅館
ココココココ
何という速さ…
人間の技とは思えない!!
盛り付け……
ちょ ちょっ
美しい!!

……
…ちょっと
お前さんたち
邪魔だから
どっか行って
くんねえかな…
あっ…
すいま
せんっ
しかも
この調理人
顔つきが他の
連中と違う!!
東林館旅
FUJ
あの板さん
カツさん
ってんだけど
気ィ短いから
気をつけて
な!!
……
気になる
男だ…
む!!
ズラー
……
何じゃい
!?

小さな皿に
美しく盛られた
料理…
平たい顔族は
いつもこんな食事を
しているのか!!
……
口の中へ入れて
食べてしまえば
無くなる食材に
恐ろしい程
巧妙な細工が
施されている…
まちがいない
…これは
ニンジンだ…
ローマでも宮殿や
金持ちの家では
手間を存分に掛けた
料理を出して
招待客を驚かせる
事はあるが…
器も含めて
基本的に
料理に対する
思い入れが違う!!
ローマ広しといえども
こんな料理を作る料理人は
存在せぬ…
……
あ～
料理に
手をつけちゃ
いけないよっ!
あじっさん
こんにちはー
おお
キヨちゃん
!!
はむ
東林館

ちょうど良かった!! キヨちゃん この新入りに お膳の運び方 見せてあげて！
きっと ビックリ するぞ!!
いいですよー
じゃあ 空のお皿乗せて やって みましょうか
まあ こんな もんですかね 本当なら お料理も 乗るから もっと 重いんだけど
とりあえず これで重ねて みます！
忙しい時は これくらい 重ねます
はいっ こんな感じっ
っこら せっと…
お〜〜 キヨちゃん ステキー!!
ぱち ぱち

な!?すげぇじゃろ?
…まあアンタはここまでしなくていいから…
ふむっ
なっ!?
……
……

はっ!!
わーっ!!
天井にぶつかるッ
ゴーッ
ガラ
ガラガラ
ガラ
キッ

ここから出ていけこのヤロー
わーっスミマセ〜ン!!
ハァ
ハァ
ポフ
……
料理人よ…
あの者らを責めてはならぬ
ここは私が責任を持って片づける!!
ガタ
そなたの集中力を乱した事は許してもらいたい
さあ!!こちらは気にせず素晴らしい料理に打ち込むが良い!!
……何だこいつ?

平たい顔とはいえ自らの職に対するあの真剣な姿勢はローマ人に通ずるものがある…
あの料理人にはできるならばいずれハドリアヌス様の為に料理をしてもらいたいものだが…
私ですら帰れないのに無理か…
おーい ゴミ取りは もう その辺で いいぞう〜〜
もうかれこれ3時になるでの
お客様が来る頃だから玄関で待機してなくちゃダメじゃ！
東林館
ガラガラ
いらっしゃいませ〜〜

ようこそお越し下さいましたあ～
いらっしゃいませ～
東林館旅館
……
お世話になりま～す！
…なる程…
オイッあんた
こうやって訪ねてくる客を勤めている者一同で迎え入れるのか…
お客さんに対して何だいその威張りくさった態度は!!
あ～～やっと着いたわ～
暑いですねー
どう見てもローマでは文化不毛の属州奴隷にしか見えぬ2人の女…
平たい顔族の世界には
階級というものが存在しないのであろうか…？
ちょっとルシウスさん！
東林

お客様のお荷物を部屋まで運んでさしあげて
荷物
NIMO…
じっさんがサポートしてあげないとわかんないわよ！
あっハイッ!! 勿論ですッ
東林館旅館
今日入りたての新人さんなもんで…
すみませんねー
あら〜そうなの？
アメリカ人？
……
確かに人々がくつろぎの場で日常を忘れる様な扱いを受けるというのは…
民衆の活力を喚起し国力繁栄の手段としてそれなりの効力がありそうな気もする…

ローマにも
この様な経営方針の
浴場宿泊施設が
あれば
奴隷たちも
良い影響を受ける
であろう…
ぜひバイアエにも
ここと同様の…
ヒタ
ヒタ
ヒタ
ちん
とん
しゃん
何だ
この音は
…!?
……
いや
ちがう…
歌だ…
くぅろぉおかみりのぉ
むすぅば
初めて耳にする
平たい顔族の
歌だ…!!
あ!!
ルシウス
そっちじゃ
ないよー
スタ
スタ
スタ
ルシウース
戻ってー
この扉の奥
から聴こえて
くる…
とけてぇ
ねたよのぉ
そ…

ディアナ!?

ローマ＆風呂、わが愛

「サムライ」「フジヤマ」「スシ」等と並んで、世界における日本の代名詞のひとつに「ゲイシャ」があります。イタリアの実家での出来事ですが、座りっぱなしの仕事に疲れた舅が、姑に肩を揉んでくれないかと頼んだ時、彼女の答えは「嫌だよ、ゲイシャじゃあるまいし！」でした。また、別の国で知り合った男性は、「オレは出来ればゲイシャみたいな、男に尽くしてくれる静かな人と結婚がしたい」と呟いていました。一体、世界における「ゲイシャ」の概念はどういう事になってしまっているのでありましょうか。

17歳からイタリアに留学していた私はかなり早い時期から、この何だかおかしな解釈を為されがちな「ゲイシャ」のイメージを、できる限り訂正しようと試み続けてきました。なぜなら、イタリアへ留学する前に、「一文無しになっても踊りさえできればなんとか乗り切れる可能性がある」という母の意味不明の提案によって、花柳流の日本舞踊を少しだけ習った事があったからです。サンバやサルサのように本能に全てをゆだねて体を躍動させる踊りと違って、日本舞踊は、まず一つの決められた所作を保ち続ける忍耐力が必要とされます。徹底的に制御された精神性と身体性を要求される踊りがどれだけ大変なものか、私は稽古の度に痛感していました。

芸者さんというのは、この高度な日本舞踊をマスターしなくてはならず、しかも三味線などの楽器も扱えて、その上、お客さんを楽しませる社交術も身に付けている、驚異的なマルチ人間なのです。

それなのに海外では、男性に対して従順で控えめな女性という安直な

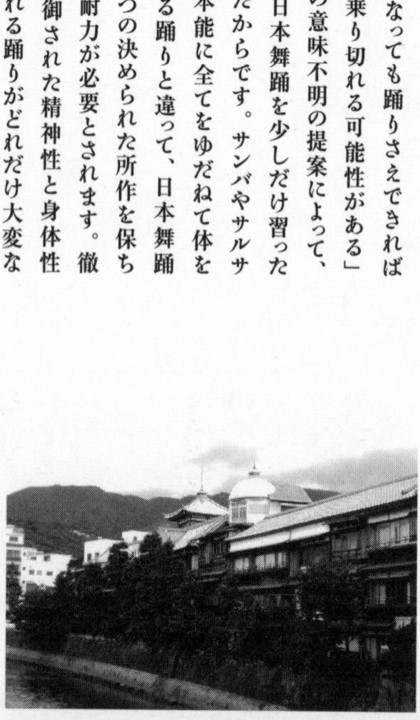

伊東市指定文化財「東海館」

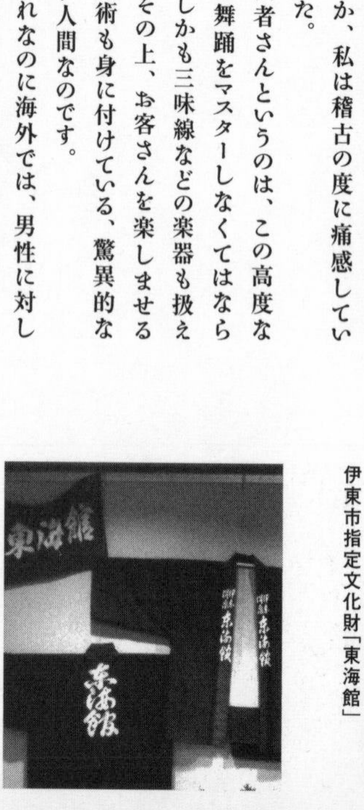

東海館の半纏

vol.15

意味合いで「ゲイシャ」と表現する人ばかりで、「あんたたち判ってないようですけどね、芸者とは〝芸術をする人〟という意味なんですよ!!」と、私は今まで世界各地で誤った認識を正すべく訴え続けてきたのでした。

　そんな幾星霜を重ねたある日のこと。『テルマエ・ロマエ』の1巻もまだ刊行されておらず、こんな漫画を誰か読む人がいるのだろうかと不安と猜疑心に満ち満ちていた私のところに、いきなり担当である奥村編集長から、「温泉芸者になれ」という意味不明な電話がかかってきたのでした。

　「伊豆の温泉街でな、素人にも温泉芸者を体験させてくれるらしいんや。是非そこに行って、あんた、芸者をやってきてくれんかね」と、その素っ頓狂な内容にまったくそぐわない、大真面目な口調の編集長。初めはその意図するところがさっぱり飲み込めなかったのですが、話していくうち、要は『テルマエ』でルシウスが温泉芸者と出会う話を作ったらどうかというアイデアから、そんな取材を思いついたらしい事が判りました。

　「芸者についてなら、別にネットとかで調べればいいでしょう」と答える私に、「あかんあかん!! 芸者ってのは自分で実際やってみんと、その大変さっちゅうのは判らんもんやで!」と折れない編集長。「考えておきます」と判断保留のまま会話を終わらせた直後、それを脇で聞いていたらしい副編集長の岩井さんから連絡が。

　「あのね、ヤマザキさん。編集長の言う事、全部まともに受けなくていいからね。気が乗らない事は断るんだよ、いいね!? やりたくない事はやらなくていいから!」

　編集長の右腕にしてコミックビームの敏腕実務家である彼にそう言わ

芸妓の心得を学ぶ

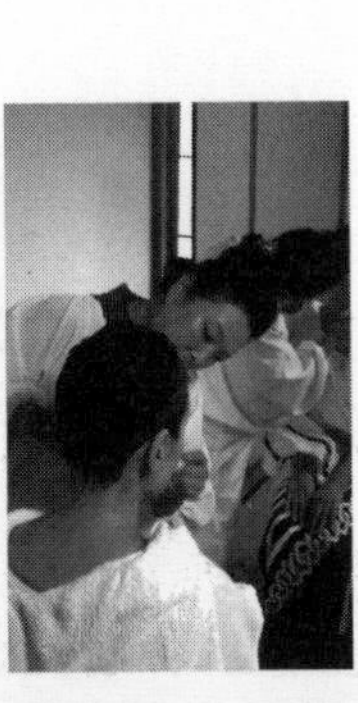

芸者扮装準備中

れて、私も「さすがにそうだよね…温泉芸者の体験をしにわざわざポルトガル（その当時住んでいた国）から日本まで行く必要なんてないよね」と、そのお誘いはお断りするつもりでいたのです。

ところが、その夏、日本へ一時帰国した私は、結局編集長の「なってみなけりゃ判らんで」という言葉に抗しきれず、温泉芸者体験を承諾してしまったのでした。実施場所が名高い温泉地であることも、バスタブの無い暮らしを強いられていた私にとって決心の大きな理由でありました。

体験のスケジュールは全2日間。初日に、芸者としての心得、踊り、そして都々逸などの唄をある程度マスターし、翌日、芸妓さんの扮装をした上で、これらの技能を人前で披露せねばならぬという、素人体験にしてはなかなか難度の高いものでした。

必死に初日を終え、2日目のお披露目の日、いよいよ本格的な黒い着物の芸者姿に変身した私は、日本髪のカツラが恐ろしく似合わないという事実に激しく幻滅し、自分には芸者になれる要素が一滴たりとも無いのだという事を心底から痛感するに至ったのでした。

どこかで「そんなこと無いよ」という優しい否定の言葉を期待しつつ、同行していた奥村編集長に、「マイケル・ジャクソンが芸者コスプレしてるみたいに見えますかね」と軽く尋ねてみたところ、「おお、ほんとだ、似とるわ！」と嬉しそうなお答え。なんとも虚しい心境に一瞬陥りましたが、そこまで扮装しておいて落ち込んでいても仕方ない。私は開きなおり、大広間に集まった何も知らない一般見学者の前で、めちゃくちゃな舞を舞って、なんとかその体験を終えたの

芸者ポーズの私

なぜか着物姿の奥村編集長と私

でした。
記念の写真撮影をして着物を脱ぎ、お座敷の畳の上で骨が抜けたように脱力していると、踊りを教えて下さったお師匠さんが「あなたの為に大浴場を用意してあるから、入っていって頂戴！」と声を掛けに来てくれました。私はその言葉で一気に気力と体力を取り戻し、風呂場へ馬車馬のごとくダッシュしたのでした。伊東市指定文化財でもある美しい東海館の昭和の趣き溢れる広いお風呂にたった一人で浸かった時の、2日間たっぷり暮らせた心身の疲れとカツラの似合わぬ自分への失意が温泉の湯にたちまち解かされていく素晴しい感覚を、私は一生忘れないでしょう。

ちなみに、温泉芸者のような存在が温泉文化の発達していた古代ローマにもあったのかどうか調べてみたところ、当時ローマの奥座敷的温泉地であるバイアエには、宴会などの場で踊りを披露する事を職業としていた女性達が居たという史実を知りました。踊りを踊り、時には楽器を奏で、温泉地を訪れている人々を楽しませる、そんな彼女達は、正に古代ローマの温泉芸者と言えるでしょう。

しかし、長い歳月を掛けなければ身に付かない難しい踊りなどの芸をこなすだけでなく、最終的には、日本髪も似合わなければ話にならない日本の芸者の方が、私の見解では、遥かにハイグレードなものに思われてならないのです。

温泉に浸かりふやけてヘラヘラになっている人に、凛とした身のこなしで接し、その旅情へ華を添える、温泉芸者というのは本当に大変な職業なのであります。編集長の言葉のとおり、「実際やってみなければ判らない」ものなのでした。

東海館の玄関

古代ローマの芸者の舞

東林
しんと
ふけたる〜
第23話
とこしなっ
ぼ〜
ぐい
!!

……
こらッ新人ッ
何を盗み見しとるんじゃいっ!!
お客様のいる所でダメじゃろッ
勝手なマネしよって…!!
……
あらっ!!
んまッ佐藤さん芸者さんよ!!
見て見てッ!!
はあ〜
まさにその通りっ!!
……
オホン
さつきちゃんは天から二物も三物も授かった女性でしてのォ〜
……きれいな人だことォ〜
知的で清楚ね…
あの子の中には天性の芸妓《げいこ》の血が流れとるんですわ!
つもるぅ〜
しらゆき〜

この温泉街で
売れっ子芸妓だった
母のすすめで始めた
日舞じゃったが
その才能をいち早く
師匠に見出され…
さつき5歳
……
そう
そう!
上手よ
さつき…
フフフ
14歳で その流派でも
最年少の名取となった
さつきちゃんは亡くなった
母の後継として
頑張っとったんじゃが…
さつき14歳
まだ中学生ながら
学業でも天才と
呼ばれた子じゃった
からのう…
今は歴史学者と
二足の草鞋を履いて
たまにしかお座敷に
出ないんじゃが…
いよっ
それでも
この温泉街では
人気ダントツ
なんじゃよ…
すごい
もんじゃろ!
さつきちゃん
は〜〜〜
カハハッ
ホントね〜
才色兼備って
いるんだねぇ
〜〜〜
ホホ…

さあさあ まずはお部屋に行きましょうね!! お風呂も今ならすいてますよ!
そうだ そうだ
ぞろ ぞろ ぞろ ぞろ
芸者さんも見れたし良かったわ〜
……
ルシウース早くこーい!!
……
……
さっ
まずいっ!!
…目が合ってしまったっ…!!
おめえは一体いつまでここにいるんじゃいっ
ぐずぐずすんなッ
……

……
だってねぇ~ 外人さんには 珍しいものね~ 芸者さんなんて…
しかもあんな キレイな人…
少しは大目に 見て欲しい わよねぇ~
スリスリ
甘やかさんで 下さい!!
お嬢様方~~~
松
お泊りは こちらの お部屋で ございます~
あっら~ 趣きがあって いい感じ じゃな~い!?
…
いい部屋 じゃな~い
……これは…
……
景色は どう?
松田さんっ 川が見える わよっ
料理といい 建築といい… 改めてこの民族の 尋常ではない 繊細さには 驚かされるな…
……民衆の風体と 全く結びつかぬ

窓の周りに施されている細工の何と繊細なことか…
火が点けばたちまち燃え尽きてしまう素材だというのに…
木か…
ディアナの踊りといいローマの様な大胆で華美な表現はここには存在しないらしい…
松田さんちょっとテレビ点けてテレビ!
あハイハイ…
パチン
続いて大雨に関する情報です…
!?
あら~やだわ~明日から大雨ですってよ松田さん!!
え今こんなお天気なのに…
局地的に30~40ミリの雨が降る恐れがあります
電車立ち往生も
激しい雨のおそれ
これは熱帯低気圧に変わった台風10号の影響で…

この地域にお住まいの方はくれぐれも厳重な注意が必要です
やだわぁ～
今はこんなに晴れてるのにィ～…
はっ
!?
明日は朝から夕方にかけて…
何だっこれはっ
なぜこの中に人がいるのだっ!!
次のニュースです
前線の影響により午後を中心に再び激しく…
……
…どどうしちゃったのかしら…
…大雨が心配なのよ…
他の番組にした方がいいわね…
ピッ

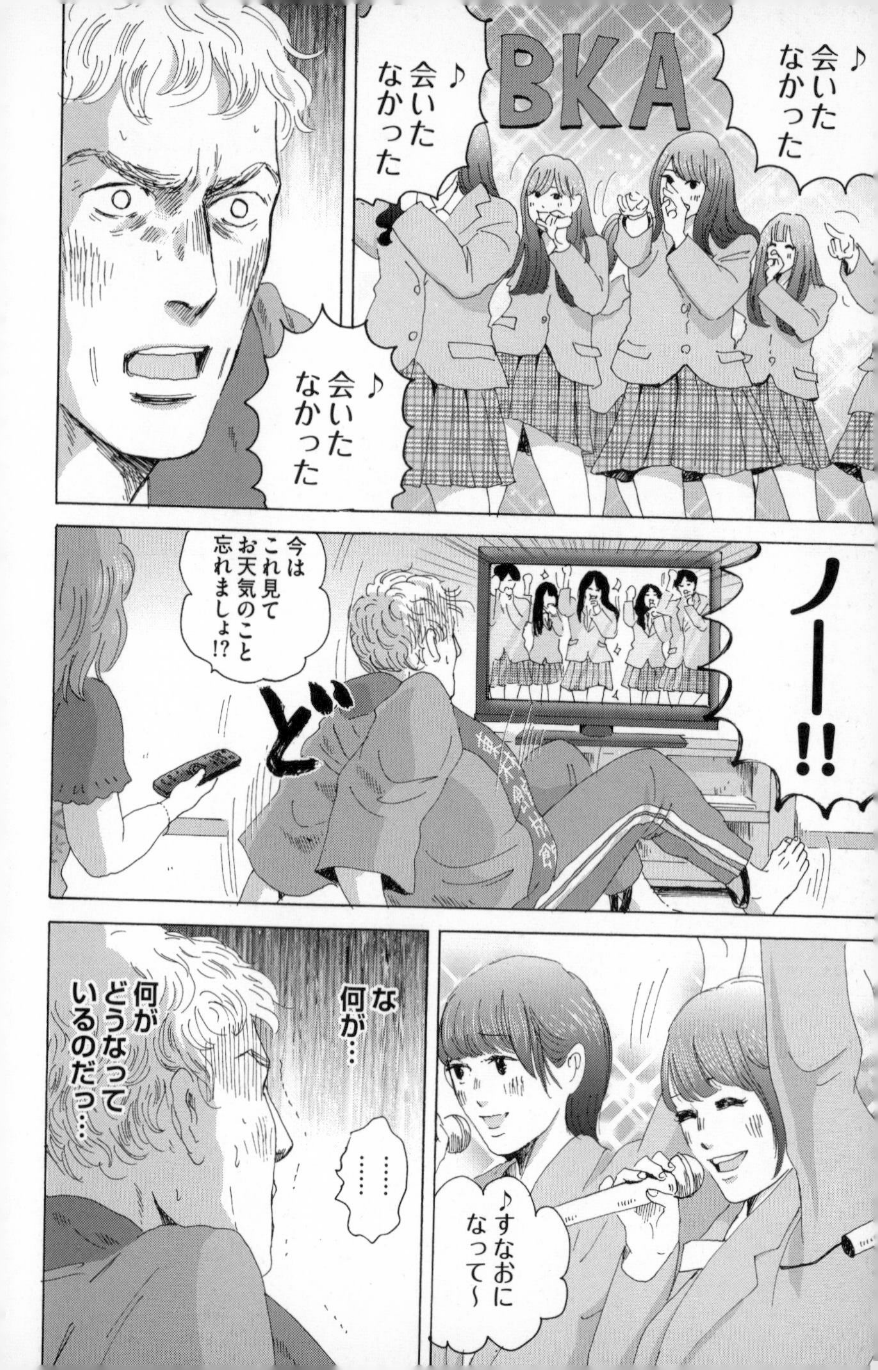
BKA
会いたなかった♪
会いたなかった♪
会いたなかった♪
ノー!!
今はこれ見てお天気のこと忘れましょ!?
ど
♪すなおになって～
……
な何が…
何がどうなっているのだっ…

♪わたしに〜
誰か説明してくれ…
ゴロ…
ゴロゴロ…
ザァーー…
……
ガラッ
……さつきちゃんたらびしょぬれじゃないの…!!
あおかみさん!

すごい雨ですね…
季節の変わり目なのよ タオルいる?
いえ大丈夫です
今晩もお座敷ご苦労様…
…ねおかみさん
ルシウスの調子どう…?
ああ…彼なら真面目で熱心よ?
…ちょっと小さいことにこだわり過ぎる所もあるけど…
まァああいうのを〝職人気質《かたぎ》〟っていうのよねぇ
特にお風呂のメンテナンスは念入りだわね
ふふ
……
……よかった…
ほっ…
……ただね…

あの人
たまに うずくまって 小刻みに震えて いるのよね…
え!?
ホラ そこの テレビの前とか あとは帳場の PCやFAXの 前とかでね…
プルプルと…
昨日なんか じっさんのケータイ 見て吐き戻しそうに なってたわ…
オエ
…な… なんで …!?
ザザ
…… さあ…
奥さんッ 私は本気 なんですよ
…… ……
どうして 避けるのです

やっ やめて 下さいっ!!
奥さんっ!!
つとむさんっ やめてっ!!
あっ
……
キャー!!
……
……
……ルシウス

ディ…
ディアナ!!
……
そ…
ルシウス
大丈夫？
……
……
カッ
ドキ
ドキ
なぜ
胸が高鳴る
のだっ!?
くるっ
ドキ
ドキドキ
何か仕事で
悩みごとがある
んじゃないの？
…だとしたら
隠さないで
教えて欲しいの
……
落ちつけ…
落ちつくのだ…
……
……
何？
ボソ…
…では
一つだけ
教えて欲しい
ことがある…

なぜこの様な薄っぺらい物体の中に人間やら何やら入っているのだ!?
私はそれが知りたい!!
奥さん好きなんだっ!!
つとむさん!
……
……は?
……………
この中は一体どうなっているのだ!?
どりわぁ
どういう仕組みになっているのだ…!?
嘘…この人テレビを知らないの!?

何かが反射して
映っているという
わけでもない!!
人間が中に
入っている
わけでもない!!
どう考えても
おかしいでは
ないかっ!!
……
……
まさか…
ブチ
!!
フッ
きっ
消えたっ
!!
急に
消えた
ぞっ!!
東林館
……
ルシウス
…私が今
何を
したのか
わかる…?
これが
何か
知ってる
…
よね…!?

でも今は
そんなことより
これの
説明をして
くれないか!?
そなたが
何をしたのか
私には
わからぬ!!
……
やっぱり
この人電気を
知らないんだ!!
…もしかして
ルシウスって本当に
古代人…!?
と…取りあえず
テレビの仕組みを……
……?
…って
ちょっと待って!!
電気を知らない人に
テレビって
どう説明するの…?
いや…やめよう
そんなバカな
妄想…
ありえない
ありえない…
アハハ…
ディアナ…
どうした
のだ
……!?
あたしって
文系だし
技術的なことは
正直良くわからない…
ディアナ
……?
あ~困った!!
そもそも電気って
どう説明するの?
ゴロ
ゴロ…
カ
ッ!

ドーン
!!
……ユピテル神が暴れておられるようだな…
東林館
そうだ!! これだ!!
細かい所は説明できないけど…
えっとつまり!!
……
私たちは雷《いかづち》の力を集めてそれを細かく分配しその力で様々な物を動かしているの!!
イカヅチの力よ ルシウス!!
な…何?イカヅチ…?
そうよ!!
イカヅチだと…!?

全能の神ユピテルが
ドー!
平たい顔族に雷《いかづち》の力を放出していると
いうのか…!?

がくっ…
待て…冷静にならねば……
※雷《いかづち》とは大プリニウスの著書によれば雲の摩擦で生じた光が地上に落ちたもの…
つまり平たい顔族はそれを集めてどこかに溜め込み……
様々な動力の源として活用しているのか…
……
この奇妙な穴がその動力につながっているのか…
こんな穴で本当に様々なものが動くのか…
そ…
こんな穴で…
ぐぐ…

※古代ローマ最高の博物学者で軍人。『博物誌』を著わす。古代で雷に科学的考察を加えたローマ文明恐るべし!

あなたー
さちこっ!!
……
この日をどれだけ待っていたかっ…
くっ…
…!!
ルシウスッ どうしたのっ 大丈夫っ!?
こんな動力を使う民族にとてもではないが太刀打ちはできぬ…
東林館
東林館

…ローマには未だ誰もこんな動力を見つけた者はいない…
……ルシウス
私の誇るべきローマには…
わかってるわルシウス！私もあなたと同じ様にローマの文明を誇りに思っているの！
……
私だけじゃないローマ帝国が素晴らしいのは皆 知ってることよ……
ローマの文明は雷《いかづち》の力に決して劣るものではないのよ！
だから落ち込まないで…ルシウス
……ディアナ…

……
気を遣わせて
悪いな
ディアナ…
ルシウス…
ドキ…
がら
がら
がら
こんばんはぁ〜っ
さつきちゃ〜ん いるぅ〜??
ハッ
さ〜っ
きぃ〜
ちゃんっ
……
コツ…
今晩
お座敷の日
でしょ〜!?
お〜〜い
もしも〜し

ち…ちょっと
ごめんなさい…
ディアナ……どこへ行くのだ！
『モン・シェリ』のスイーツ持って来たよ〜〜〜っ♡
さつきちゃん好きでしょ〜
はー…
はーい…
……
……どうしたのだ……？
……
また隣のバカ息子が来やがったか〜
ったくしつけー野郎だぜ…
!!

ホラッ一緒に食べよーと思ってさ…
あとこっちはねーさつきちゃんのイメージの花束♡ステキでしょ？
Mon Ch
PARIS
……
ケッ…ケ…ケイオニウスッ……!?
ん？
……ねあそこにいるエキゾチックなカレだれぇ？
……
なっ…なぜケイオニウスがっ…

第24話
なぜ ここに ケイオニー……アエリウス様が!?
あー もしかして カレ 新しい人ォ!?
えっ…ええ まあ…
へぇ~っ インターナショナル~!!

いや待て！
アエリウス様は
もう亡くなられた
ではないか…!!
……
ここにいるのは
アエリウス様に
そっくりな
平たい顔族…!!
スタ スタ
ビクッ
……
ハァ～イ
ヘロ～♡
ハウ
アー
ユー!?
ポフ
ナイス
ミー
チュー
マイ
ネーム イズ
ケイスケ
～～～！
アハ♡
……
…あの
その人 英語
喋れませんよ？
え!?
そーなの～
どこの
国の人
…!?
……

…多分
イタリア…
オーウ!?
ユ〜〜〜
イタ〜リア!?
オ〜〜〜ウ
チャ〜オ
アミ〜ゴ!
なっ
…!?
がっふぁ
フェラ〜リ
マセラティ
〜〜〜
何なのだ
この男は…
随分なれなれしい
……!!
このシャツは
ドルガバ…
ドルチェ アンド
ガッバーナね?
うん♡
昨年の
コレクションの
なんだけどォ
でもって
時計はパネライ
パンツはエンポリオ
アルマーニ!
オール
イタリー☆
イエーイ☆
グッ
イエー
……

豪奢な装飾品を身に着けているということはそれなりの富裕民なのであろうが…
そんなことよりさつきちゃん
早くスイーツ食べよースイーツ♡
本当はサ～マセラティでドライブにでもどぉかなーとか思ったんだけどー
……女性に対する暑苦しい物腰までケイ…アエリウス様そのものではないか!!
これから仕事だって言ったじゃないですか圭介さんっ
ガシ
いてっ!
……えっ!?
なっ何…!?
いいかげんに止めないか!

な…なにっ何て言ってんの…？
ぐっ…
だから何度も言ってますけどまだお座敷終わってないんです
忙しいんです！
彼女が嫌がっているのが判らぬのか!?
あそっかそっか～
これからなんだ～
トス
マッチョなカレも怒らせちゃってゴメンネ☆
んじゃまたお日柄の良い日に出直しま～すうん！♡
ガラ
……
あスイーツは食べていいからねーん♡
スゲー胸板…
……

ゴッ
じゃ おじゃまして スミマセンでした～っと！
くる
あ
そうそう!!
おカミさ～ん 例の売却の件 そろそろ返事 もらいたいん ですけど～
はっ
…うっ…… ウチはまだ
売る気は ありませんよっ
新人さん雇う のもいいけど 火の車 なんでしょ
まずいんじゃ ないの――？
まこっちは いつでもOK なんで…即金で 買いますよ♡
……

じゃ皆さん
まったね～♡
ピシャ。
あンの
野郎～
ちっ
いけすかねぇ～
ルシウス
ありがとう！
今の人
隣のホテルの
経営者で……
私には
なんとなく
あの者のことが
わかる！
軟弱だが
けっして悪気が
あるわけではない
あれは
そういう男だ！
あっ
ルシウス！
どこ行くのっ!?
くる

ルシウス!?
まずい…
あの男の顔のせいで
またも不安な
気分になってきた…
ザザー…
ザザ…
私がローマへ
戻れなくなってから
一体 何日が
過ぎたのか…
皇帝の
後継者も未だ
決まらぬ状況の中
今 ローマは
どのようになって
いるのであろうか
……?
ザバァ…

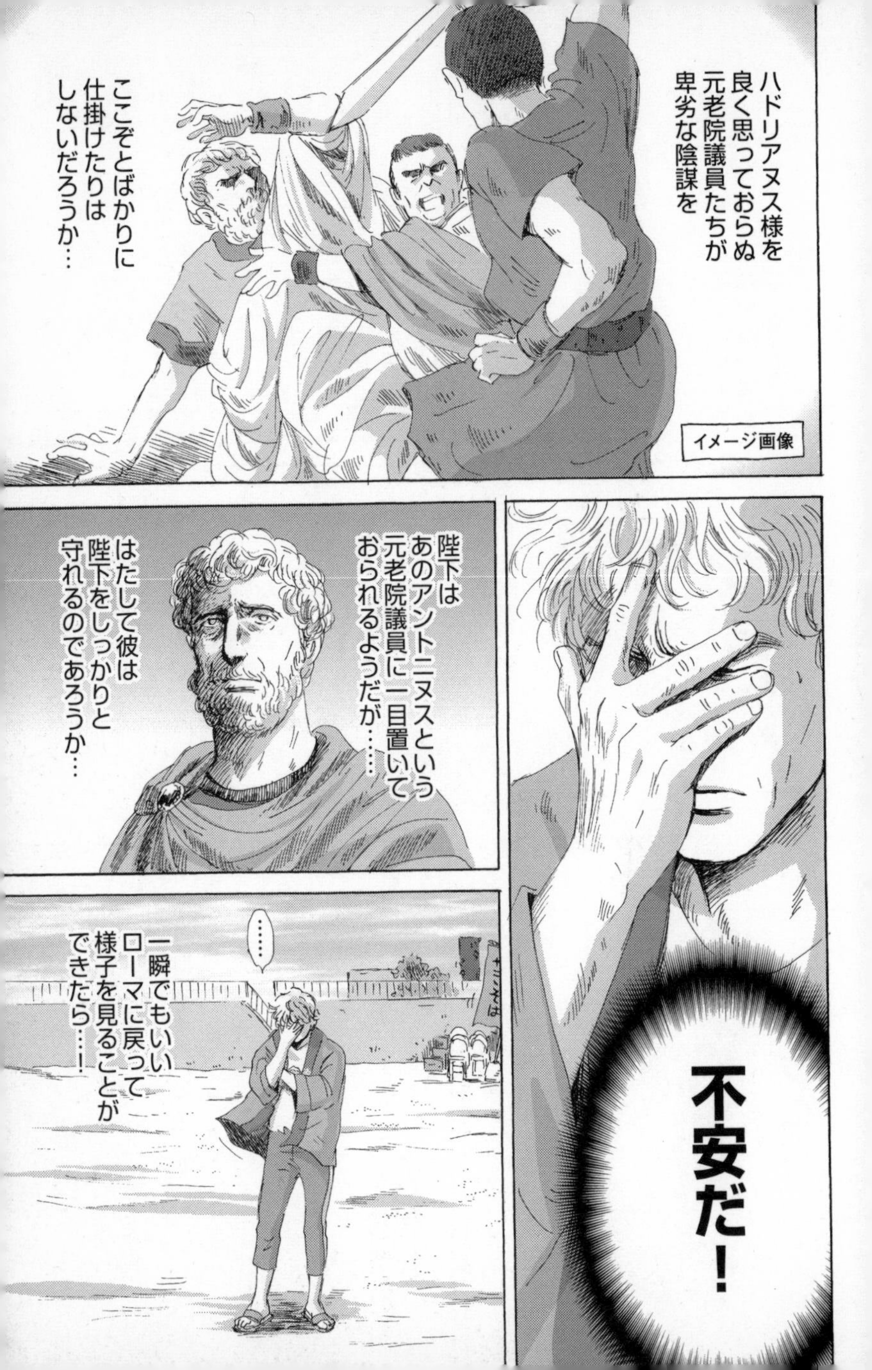
ハドリアヌス様を良く思っておらぬ元老院議員たちが卑劣な陰謀を
ここぞとばかりに仕掛けたりはしないだろうか…
イメージ画像
不安だ！
陛下はあのアントニヌスという元老院議員に一目置いておられるようだが……
はたして彼は陛下をしっかりと守れるのであろうか…
……
一瞬でもいいローマに戻って様子を見ることができたら…！

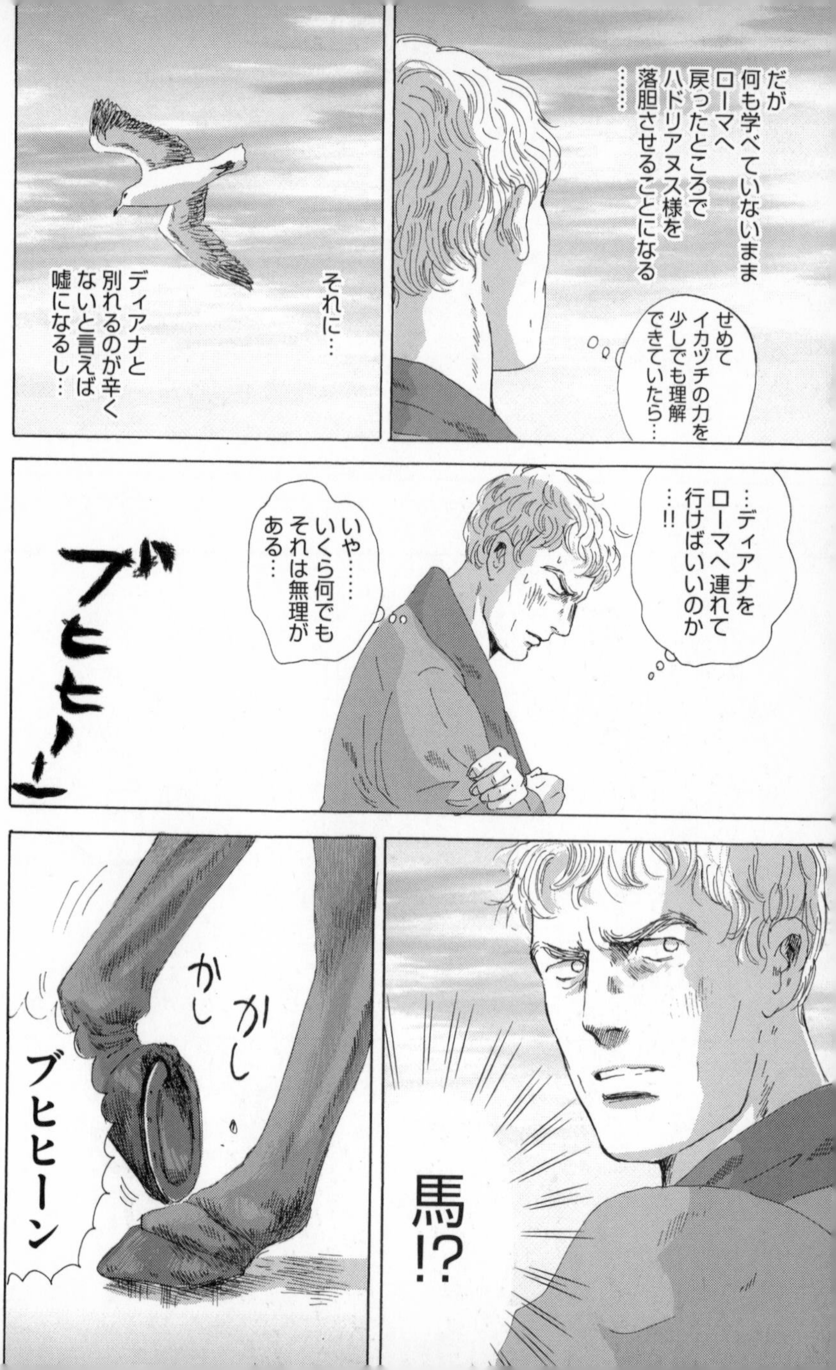
だが何も学べていないままローマへ戻ったところでハドリアヌス様を落胆させることになる……
せめてイカヅチの力を少しでも理解できていたら…
それに…
ディアナと別れるのが辛くないと言えば嘘になるし…
…ディアナをローマへ連れて行けばいいのか…!!
いや……いくら何でもそれは無理がある…
ブヒヒ～ン
かしかし
ブヒヒーン
馬!?

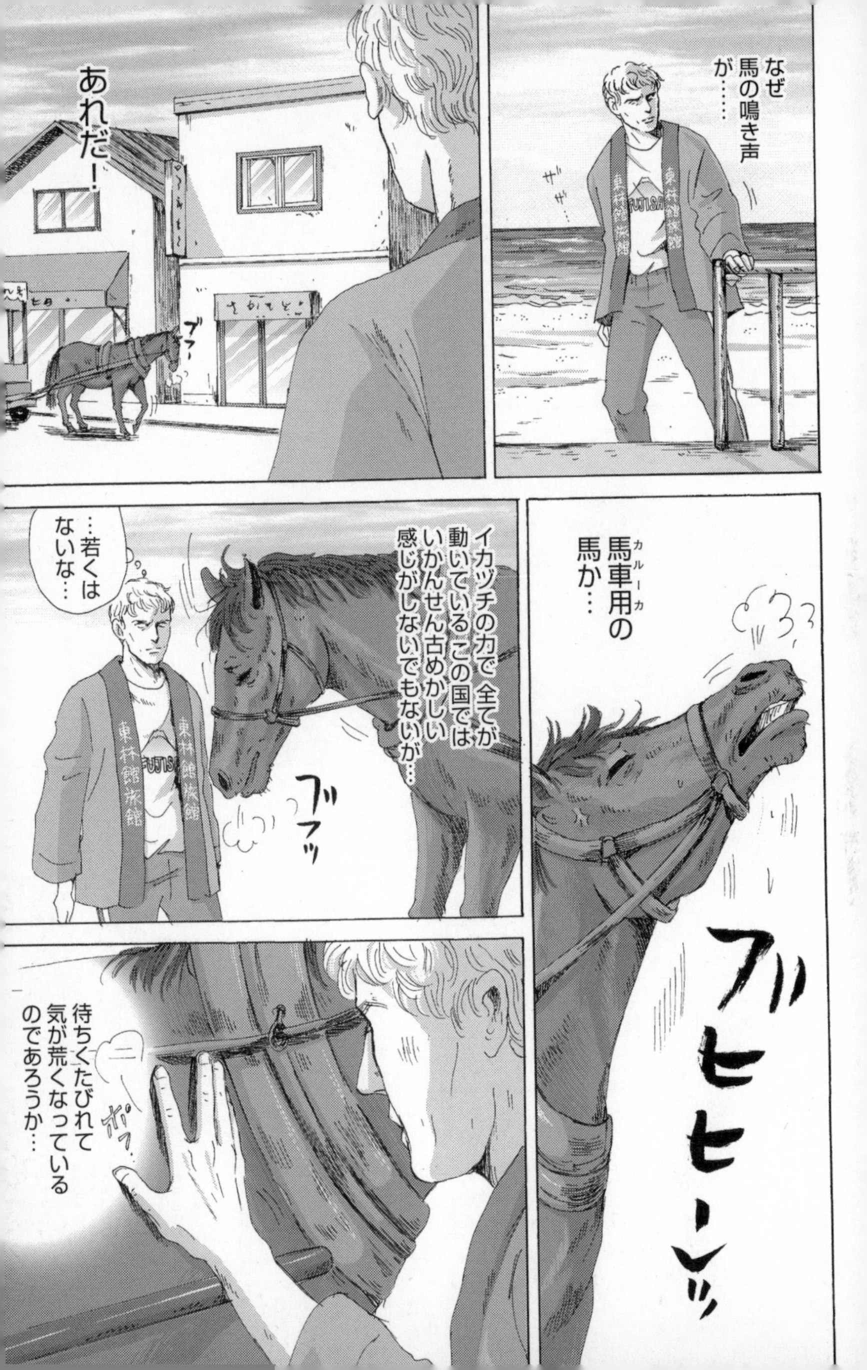
なぜ馬の鳴き声が……
ザザ…
あれだ！
ブフー
馬車用《カルーカ》の馬か…
ブリヒヒーンッ
イカヅチの力で全てが動いているこの国ではいかんせん古めかしい感じがしないでもないが…
…若くはないな…
ブフッ
待ちくたびれて気が荒くなっているのであろうか…
ポフ…

落ち着くのだ馬よ……
戻りたい場所に戻れないもどかしさは私も同じだ…
ハッ…
……
じー…
あ〜〜〜焼きたてはたまらないィッ
製造直売
そなた手入れはあまりされていないが良い馬ではないか!!
いやあ〜イカの口ってほんっとにおいしいよね〜
あ〜〜〜その割りに売れないのよねー ハハハ

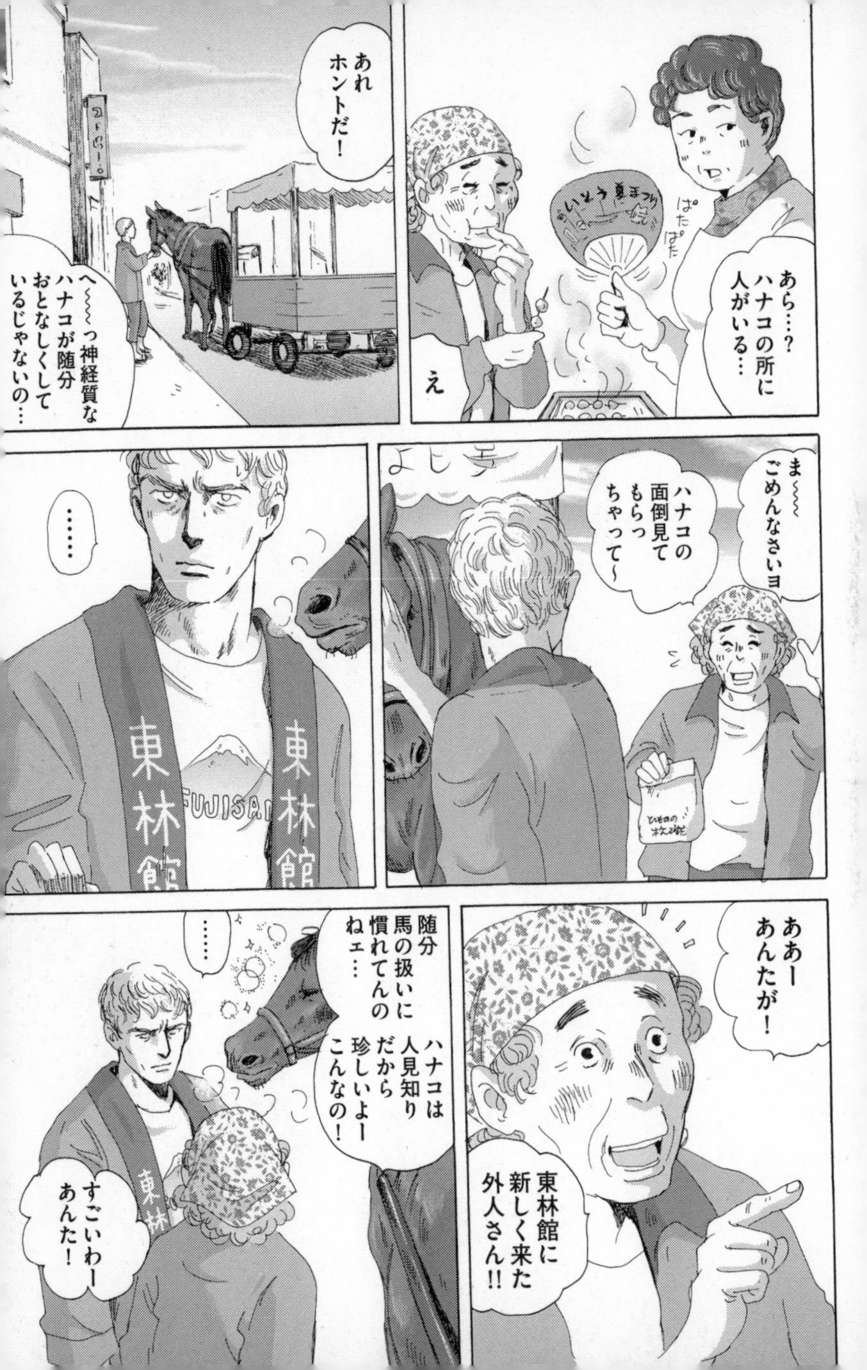
あら…？
ハナコの所に
人がいる…
ぱたぱた
え
あれ
ホントだ！
へ〜〜〜っ神経質な
ハナコが随分
おとなしくして
いるじゃないの…
ま〜〜〜
ごめんなさいヨ
ハナコの
面倒見て
もらっ
ちゃって〜
……
東林館
FUJISAN
ああー
あんたが！
東林館に
新しく来た
外人さん!!
随分
馬の扱いに
慣れてんの
ねェ…
……

ハナコは
人見知り
だから
珍しいよー
こんなの！

すごいわー
あんた！

よし！
じゃ帰るよ
ハナコ!!
ぐいっ
ハナコッ
ホラッ
動けっ!!
ブヒ
ハナコッ
……
こらっ
ハナコッ!!
ぐーっ
そんな
強引に
引っぱっても
ダメだ！
馬の気持ちも
尊重せねば…
すり
すり
…
あれま
ごとっ

……
なかよし号
……
ごと
ごと
あんたすっかりハナコに惚れられたねっ！ヨッ この色男ッ!!
いとう観光牧場
すぐそこ→

なかよし号
いとう観光牧
ごあんない
乗馬
30分 1,500円
50分 2,000円
……
ごし ごし ごー
いやあー
何も頼んだワケでもないのにいろいろやってくれて助かるわー
あれが東林館の外人さんかい！
マジメそうないい人じゃの…
…馬の手入れをしていると
昔を思い出す…

子供の頃 父上の馬・アティアの面倒を見ていた日々のことを…
アティアは気品があって強く賢かったが
私にとてもなついていた…
ローマでは馬は貴重な移動と運搬の手段であるから大切に扱われているのだが
このハナコという馬は毛ヅヤも悪いしかなりいいかげんな手入れしかされていないようだ……
持ち主があの老人2人であれば無理もないか…
爺さんどこいくの？
ちょっくら風呂入ってくるから
よし！だいぶキレイになったぞ…
よし！今日はこの辺にしておこう！
……
また会おうハナコ！

SALUE
どうも
どうもお疲れさんねー！
!!
ブルヒーーン！
ブヒヒッ
ブヒヒ
ブヒーーン
何だい ハナコ！
年甲斐もなくあんた…
オバサン馬の出す声じゃなかろう！
……
ハー
更年期障害かねえ……
……
ヤーイ
ヤーイ
ノロマウマー
ババァウマー
バァータレ!!
ギャハハ

おばさんこの馬って走れんの？
あーハナコはねーそういう馬じゃないからねー
……
こいつヒゲと鼻毛スゲー伸びてる!!
ぎゃハハきったねー
おじーちゃん早く撮って〜
ぼくも〜〜
へちゃ
それにしてもこの馬ハラが出てんなー
やだわァあたしと一緒!!
キャハハ
あたしもですよ
ホホホ
……
馬車に乗って行きませんか〜〜観光の思い出にいかが〜〜!!
えーっ馬はちょっとな〜〜
やっ!!クッさ!!ウマ臭いって
キャハハ
ハナコー

お客さんだよー乗馬だってさ！
！
ハイじゃあねこちらのハナコちゃん…ちゃんとは言っても25歳のオバチャンですが──
ぐいっ
気立ての良い馬ですからね仲良くしてくださーい
ギィ…
ギィ…
じゃさっそく準備しましょうね
ちょっと待っててねー
……
ギリィ…
鞍をつけて…と
……
キラーーン

ぎゃっ
どどっ
ベキィ
バキャ
どどっ
どどっ
ハ…
ハナコが逃げよったーッ!!

がや
がや
ワハハハ
ビール5本追加!!
ガチャ
ガタッ
あっ そっちの料理もう持ってっていいよっ
あーっ
数確認してね!!
そっちじゃなくてこっちのやつ!!

あちょっとルシウス!!これ持ってってってくれる?
これあと3皿!!
……
一体いつまでここでこんなことをしなければならぬのか…
今帰れば少なくともこういう宿をバイアエに…
ドガシャーン
バリーン
キャーっ
何だ…!?
う
うっ…

ブヒヒーー！
馬が入ってきたーッ!!

ローマ&風呂、わが愛

ルシウスがお湯からお湯へ何度もワープをし、様々な日本の浴場技術と接するのはいいのですが、連載が当初予定していたよりも長くなってしまった今、この物語を続けていく上で避けては通れないある一つの問題を、どうしても解決しなくてはならなくなってしまいました。こう何度も何度も現代日本へやって来るルシウスが、いくらなんでも古代ローマには存在しない浴場以外の不思議なモノや現象に、気づかないわけがないのですから。

1巻の1話目では、1970年代の日本へワープしたルシウスが、屋外へ出て、猛烈な速度で自分の前を通過していく車を見ても、排気ガスの異臭にだけ反応し、自動車という不可思議な物体そのものやその動力源には一切関心を向けなかったように描いて、済ませてしまいました。銭湯の脱衣場にある首振り扇風機や、フルーツ牛乳を冷やす冷蔵庫等、電気製品の機能を知ろうと思う精神的ゆとりも、ルシウスから完全に排除しておいたのです。

しかし、あれから4巻分も日本を訪れ、滞在時間もこれだけ長くなってしまった今となっては、さすがにルシウスを無関心なままにしておくのは不自然です。編集長からも「ここいらで、なんとかカタを付けておかんと読者もきっと落ち着かんわ」と、一話分その件に関してエピソードを割くべきだと提案され、まずは、電気という動力をできるだけシンプルな形でルシウスに知ってもらう事になりました。

私は以前、日本へ帰国した折に、デパートで高機能マッサージチェアなる物を試してみた事があります。サイエンスとテクノロジーと東洋の按摩技術の粋が結集された驚くべき「椅子」

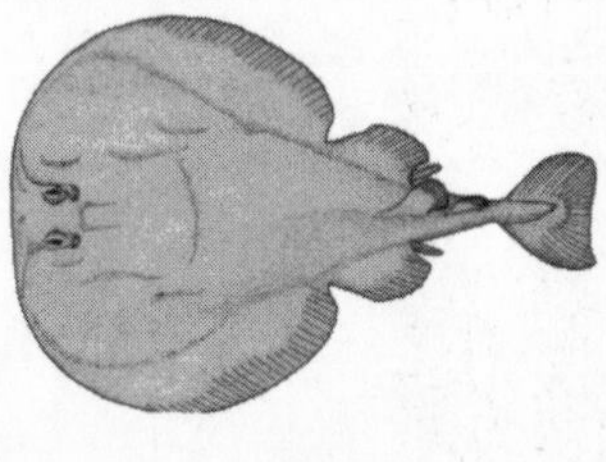

シビレエイ
英語名 Electric ray

vol.16

に、足の先から後頭部まで心地よく全身を揉みほぐされながら、これをもし古代ローマ人が体験したなら、間違いなく椅子の下にマッサージ専用の沢山の奴隷が潜んでいると解釈したであろうと思っていました。今我々が電気を使って作動させている様々なものが、古代ローマ時代には奴隷や家畜の力によって動かされていたわけですから、ルシウスにとって、現代日本で目の当たりにする自動で動くものは全て、例え視界に入っていなくとも、どこかに生き物の力が加わっていると考えるのが自然な帰結になるはずです。

しかし、さすがに薄型テレビやPC、携帯電話等という、どう見たって中に人間も動物も入る余地のない様な物体については、全てを奴隷の労力という解釈で解決することはできません。

そんなわけで、今後ルシウスが、日本滞在中に出会う様々なものの細かい動力関係にいちいち執着しないで済むように、「電気」を「雷」という自然現象に結び付けて、彼に納得してもらうことにしました。実際に電気を知らない人にそれを説明するのは容易な事ではないとはいえ、それにしても、大雑把なうえに無責任極まりない処置かなあ、と恐れつつ、エピソードを練り始めたのです。

ところが、古代の動力関係について調べていくと、驚くべき事に、古代ギリシャ・ローマ時代、既に「電気」の存在が認められていたという事実を知ったのでした。

古代ローマ人やギリシャ人は当時から、電気を帯びた動物、ナイル川の電気ナマズやシビレエイ等を使い、電気ショックで痛風や頭痛の治療を行っていたというのです。

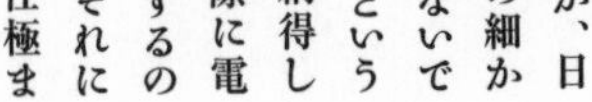

電気ウナギ
英語名 Electric eel

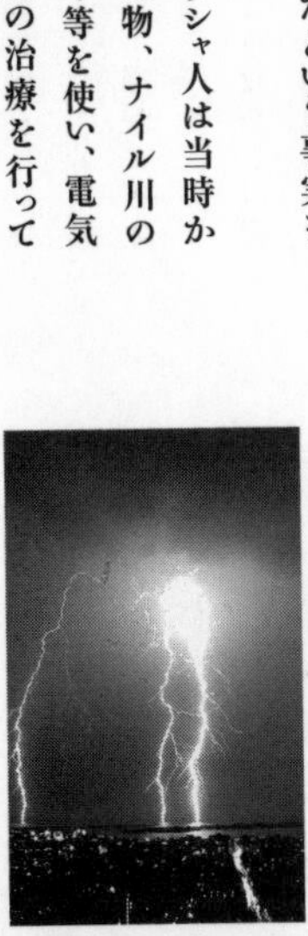

イカヅチ

さらに、ローマ時代の大博物学者プリニウスの「博物誌」第2巻第43章には、雷というものは、ギリシャ・ローマ神話で伝えられる様な全能の神ユピテルの放つ光と衝撃音では無く、雲の中で膨張した蒸気と雲による摩擦で生じるものである、という科学的考察に基づいた知見が記されています。磁気や静電気の存在も既に発見されていたようですから、それらの要素を複合的に考察した実験が為されていたとすれば、実は今から2千年以上も前に、電気による動力が発明されていた可能性も充分にあったのです

その他の動力に関しても、浴場であれだけ大量のお湯を沸かしていたローマ人ですから、蒸気の力を利用する事に気が付くのも、実は時間の問題というところまできていたのでした。

ローマが帝政期に移行した頃、アレキサンドリアに居たヘロンという数学・工学者によって、蒸気で動く玩具のようなものが作られていた事が判っています。その玩具は、下部の大釜で発生し圧力の上昇した蒸気が、パイプを通って上部に据えられた玉の中に充満し、その玉に取り付けられた細い管から一定の方向へ噴き出す構造になっています。その噴出力で玉が物凄い速度で回転をするという仕組みのこの玩具、概念自体は、もう完全に蒸気タービンですよね。蒸気タービンは、我々の暮らす現代社会においても、火力、原子力、地熱による発熱などに利用されている、現役バリバリの動力システムなわけです。

もしこの蒸気による動力が古代ローマ時代に用いられ始めていたら、18世紀に世界史を大きく変えた産業革命なんてものも、それからほんの間もないうちに起こっていたかもし

プリニウス大先生

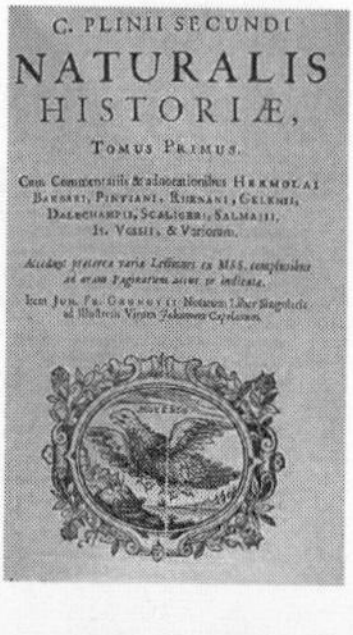
C. PLINII SECUNDI
NATURALIS
HISTORIÆ,
TOMUS PRIMUS.
プリニウスの博物誌

ローマ＆風呂、わが愛 vol.16

れません。とある研究家によると、ヘロンの玩具から実際蒸気を使ってもっと凄い事が出来ないかと実験をした人も存在していたのですが、爆発事故等によりそれが大変な危険を伴う巨大な力である事を身をもって知る羽目になって挫折し、それ以上進化しなかったのではないかと推測されています。当時、そうした困難を乗り越えて蒸気機関の研究が続けられ、もし実現に成功していたとしたら、歴史がその後どうなっていたのか想像することすらできません。

古代ローマ人が作った水道も、道も橋も建物も、ヨーロッパ等では2千年の月日を経ながら、まだ現役で使用されているものが沢山あります。それ自体、かなり凄いことなのですが、自然科学の領域においても、全く妥協の無い姿勢で多様な研究を進めていた彼らへの敬意が、知れば知るほど私の中で膨らんでいくのでした。

もともと「お風呂」という共通の習慣を通じて、遠き過去の世界である古代ローマの文明の素晴らしさについて、インフラ等の様々な技術だけでなく建築や美術など人文的な分野においても、いかに信じられない程高度なレベルまで発達していたのかということを、自分でも再認識したくて描いたのが、『テルマエ・ロマエ』という作品でもあるのですが、調べていくと驚きの事実が多すぎて、この漫画の中だけで全て表現するのは、ちょっとばかり難しそうな気がしております。

アレキサンドリアのヘロンさん

ヘロンのおもちゃ

なぜか長期滞在するハメになった
ルシウス!! 入浴客から従業員に
なっちゃったルシウス!! でも職務
に邁進するルシウス!! そんな
ルシウスに馬もメロメロだあ!!

初出
月刊コミックビーム
2011年6月号～12月号掲載

取材協力　伊東温泉観光協会　伊藤芸妓事業連合組合
ラテン語協力　Beppi Chiuppani

BEAM COMIX

テルマエ・ロマエ Ⅳ

2012年1月5日初版初刷発行

著者　ヤマザキマリ

©MARI YAMAZAKI 2012

発行人　浜村弘一

編集人　青柳昌行

編集　株式会社エンターブレイン　コミックビーム編集部

編集長・担当　奥村勝彦

装丁　セキネシンイチ制作室

発行所　株式会社エンターブレイン

〒102-8431　東京都千代田区三番町6-1

電話:0570-060-555(代表)

発売元　株式会社角川グループパブリッシング

〒102-8177　東京都千代田区富士見2-13-3

本書の内容・不良交換についてのお問い合わせ先

エンターブレイン　カスタマーサポート

電話:0570-060-555

◎受付時間　土日祝日を除く　12:00～17:00

メールアドレス:support@ml.enterbrain.co.jp

印刷所　図書印刷株式会社

Printed in Japan

ISBN978-4-04-727515-7